U0069394

藍石——著

無為丹道

初版序

　　本書的誕生是因應眾多網友的要求，希望有系統化的資料以了解無為丹道，其實大道至簡，無為丹道非常簡單，但是身心非常複雜，每個人心中各有不同的挑戰要面對，身體有不同的障礙要克服，眾多現象將至簡大道變得複雜，為了幫助各位道友了解這些不同的挑戰與障礙，才有本書的誕生。

　　感謝眾多網友的助印與預購，感謝無為丹道日記班志同道合的道友們，感謝無為師姐（網名）花幾個月的時間耐心協助整理下卷，也感謝我先生堂明師兄花好幾個月耐心校正本書。

　　在工作與教學之餘，利用零碎時間，整理出生平第一本書，以自費出書的方式出版，若有疏漏之處，還請讀者見諒，並來信告知。

藍石

2019/11/11

歡迎來信交流：awaken02019@gmail.com

目錄

上卷

第一章　無為法的簡介

　　無為，非無所為，而是無所不為，應無所住而生其心，無住於心。以無住於心之無為法實修，鬆靜自然，符合陰陽之道，產生演化現象，因而能達到各種不可思議的丹道境界。

第二章　無為法的特徵

　　無為法承認當下的重要性，專注於當下，不對未來的功態作期待，不對當下的功態做干涉與控制，順從當下的現況，也唯有順從當下的現況，演化才有可能自然發生。

　　沒有固定的方法，卻有固定的自然法則，順從陰陽，陽極生陰，陰極生陽，在每一次的循環當中，反覆來回化解陰氣，從而產生第二個陽，開始進入丹道的領域。

第三章　緣起

　　以無為法練習丹道，和目前以搬運法來練習丹道的主流大不相同，以無為法練習丹道，練成金丹的機率非常的高，本人已經教授多人練成，各位讀者也可以依照書中所描述的辦法嘗試，只要肯堅持肯努力，相信所謂的金丹，真人，成仙成佛都不是幻想。

　　在後面的章節，也將以無為法的角度，來看**待各種丹道**的名詞，而產生和有為法完全不同的解釋方式，**當然這些解**釋，都是依照實修而成的，並非空穴來風的幻想。

　　我們可以看到在實修的現場，充斥著各式各樣的有為法——氣機搬運法：以呼吸意守激發小周天氣機繞行；觀想法：以想像各種本尊或者光，而非是以內景內證的方式出現；觀呼吸法：將注意力鎖死在呼吸，而無視於實修過程中，有諸多現象的生滅，完全違反應無所住而生其心；觀念頭法：念頭來來去去，死抓著自已的念頭，就像是狗追自己的尾巴一樣，沒完沒了。

　　故本書的產生，就是為了正本清源，將丹道真正的精神，公諸於世，讓世人免受各種有為法的誤導，能夠藉由無為法完成丹道的修練。

第四章　心路歷程

　　我以自發功作為入門功法，主要是受林孝宗教授《自發功》系列書籍的影響，在練自發功以前，我學過多種功法，一直得不到突破，健康狀況也不好，直到練了自發功，健康狀況才得到大幅度改善，而實修方面也得到了突破，才發現原來自發功是作為一個從初學者到深度實修者的一個非常好的入門法，因為自發功本身就是一種無為法，從自發功入手，特別容易體會無為法的奧妙。

　　除了以自發功入手之外，我也從丹經當中領悟了陰陽的奧妙，也從佛經當中領悟了覺的奧妙，這些都在後面為各位一一道來。

第五章　練功過程

　　一開始先以動功入門，動功的部分，就跟林孝宗教授所寫的《自發功》一書差不多，從腳先發動，大動，然後慢慢過渡到以雙手雙腳為主，不規則的小動，然後再慢慢過渡到內氣的不動，而動作不動，內氣的動，又是另外一個歷程了。

　　內氣的動，一開始大多是陽氣的上升，每個人體會到的細節並不相同，但是大趨勢是一樣的，就是陽氣往上升。而我們的練法，不是只練陽氣，還得練到自然入陰，因此陽氣上升之後，還得練到陽氣下降之後自然入陰。什麼是入陰呢？就是自然進入恍惚狀態，陽就是識神顯的狀態，陰就是識神隱的狀態，從陽氣升發的醒，練到陽氣入陰的恍惚，這一點和很多人的認知是不同的，不是說陽氣從督脈上升，從任脈下降，不是從身體位置的氣機升降，氣機在身體的位置不管如何升降，都是屬於陽氣的作用，而陽氣作用結束之後，進入更深層的陰，反映在功態上就是一種恍惚。而這種恍惚，隨著陰的多寡，也會有層次的區分，這個部分，我們就在欲界、色界、無色界的部分做更進一步的描述。

　　所以我們定義內氣的動，是一種陽氣升發的作用，那陽氣的路線呢？我們就在氣的層次的部分，做更進一步的詳述。

　　內氣練到了一個程度，慢慢就會進入以入定態為主要功態的現象，在內氣的階段，很容易出現活子時現象，也就是

時間一到，會產生氣機升發的現象。而這種現象是因為在固定的時間練功，所產生的一種慣性作用。這種活子時現象，如果能把握住，則練功能夠事半功倍，因此固定時間練功的成效，會比不固定時間練功的成效還要高。

到了以入定態為主要功態的時候，慢慢的就會進入開心竅的過程，心竅是身體層面的最後一個關卡，心竅一開，氣就進入另外一種非身體層面，這稱為無色界定，因此在開心竅開到一個程度，就會慢慢的從活子時現象，轉變成活午時的現象，所謂活午時就是固定時間入定的情況下，就會時間一到，自動出現氣機發動的現象，這種氣機跟活子時不一樣，這種氣機會帶著練習者很快入定，從功態上來看，就會很像是想睡覺這樣的現象，但是對一個進入開心竅階段的人，這並不是想睡覺，而是一閉上眼開始練，很快就能開心竅，速度非常的快，跟沒有活午時現象產生的時候，速度是不一樣的。

入定態部分的詳細功態還是適合用三界定（欲界色界無色界）的架構來說明比較清楚，這就放到後面來說。所以無為法練到後面，主要就是入定態的演化為主，這時候氣功態的陽氣升發還有沒有？當然還是有的，沒有足夠的陽氣，也是沒辦法化解內部的陰氣，更無法有更進一步深入的演化。

第六章　自發功

　　以自發功作為無為丹道的入門功法，主要是因為自發功本身就是一種無為法，而林孝宗教授所寫的《自發功》系列書籍，以科學的角度來分析解釋，不會讓練習者陷入怪力亂神的狀態，而能以健康的心理面對所出現的一切動作與情況，這讓初學者相當安心。

　　但是大部分的自發功練習者容易執著在動作上，沒有考慮順從陰陽的丹道哲學，因此只能以自發功作為一個入門功法，到了理解自發功的無為心態之後，再過渡到丹道為主的無為修練之路。

第七章　陰陽

　　練丹道不是只有氣這一個層面，它還有另外一個更深的層面，氣屬陽，還有一個陰的層面，這個陽氣要進入更深的層面去化解陰，我們看陰，這個字，它是由「今云」組成，也就是在人體更深的層面，有陰堆積在很深的內部，這個很深的陰的堆積，需要陽氣進入，陽氣要進入這麼深的內部，陽氣就必須要轉換型態，它不能維持原來那種氣功態那種體感，熱流，電流，光流之類的，陰這個字，被簡體字改得面目全非，改成阴，本來的意義是陽被雲遮住了，才是陰。陽被遮住了，陽還是在，只是被遮住了，就成了陰。

　　這個造字，就是一個陽，另外有一個遮蔽陽的物體，這兩樣，並不是有一個陽，然後有另外第二個物體稱為陰，不是的，就是一個陽，然後陽被另外一個物體遮蔽了，才有了陰。

　　因此，陰陽和阴阳，在文字上的含義是不相同的，而我們看陽這個字，和阳，有何不同？阳，只有太陽，就是日。而陽，我們可以看得到它有一個腳，四隻腳，這個腳是什麼？就是日所放射出來的能量，太陽的輻射。所以古人對於陽原本的定義，就不是日，而是日所放射出來的太陽能。

　　而古人定義陰，也不是月亮，而是陽被遮蔽了。這個字體，不要說從秦朝到現在兩千多年了，就從倉頡造字到秦朝，都不知道經歷過幾千年，這個字這樣形成，兩千年不變，都是有它很深的文化含義的，從陰陽，到阴阳，意義全

部變了，陰陽，底下的含義，其實只有一個陽。而阴阳，底下的含義，則是兩個物體。不單單只是簡化字這麼簡單，而是整個文字的含義，被改變了。所以要理解陰陽，我們必須回到兩千年來一直使用的這個字體，才能看見很多藏在文字當中的含義。

就拿電腦的 1 和 0 來說，表面上看好像也是兩個，其實還是一個，有通電，和沒通電，有通電，就是 1，沒通電，就是 0，這也是陰和陽的真正用法。電腦的ＣＰＵ，快速的切換電流，這個叫什麼，脈衝嗎？其底下，還是只有一個，就是電，有電就是陽，沒電就是陰。並不是一個日，一個月，叫做陰陽。不是有兩個東西，而是一個能量，分成有和無。所以陰陽剛開始的定義，是「有無」，有一個東西，就有另外一個狀況，是沒這個東西的。

陰這個字的定義，並不否認陽的存在，而是陽被遮蔽了，陽一直都在，所以陰陽這個字，它是有天地觀念的，天，有陽，往地上照射，天，有陽，但是被雲遮蔽住了，陰，地面接收不到陽。

然而改成阴阳，只剩下日月，這個照射和遮蔽，這兩個含義都消失了，左圖這個字是陽的甲骨文，這個字看起來就像是一個圖，太陽從天上照射下來，植物開始生長，長出葉子，所以，古人講陽這個字，他講的是一個能量的傳遞。

所以我們知道陰陽的意義之後，再來看丹道裡面怎麼在實務上講陰陽，這個陰陽主要就是以識神的浮沉為分界，識神在的狀態下，產生的功態屬陽，識神不在的狀態下，產生

的功態屬陰。

　　所以丹道修練，就是從有識神狀態下的功態，練到沒有識神狀態下的功態，這樣稱為陽極生陰。然後再從沒有識神狀態下的功態，練到有識神狀態下的功態，這樣稱為陰極生陽。

　　在實務上，陽極生陰，陰極生陽的這個過程，陽為動，為外層氣，有分成外動，內動，外動可參考林孝宗教授所著的《自發功》叢書，描述得非常清楚，從大動，小動，腳的走法，前進後退，繞圈，八字，手的動法，轉大車輪，太極拳，八卦掌，到精細的手印等等。

　　內動則主要以各種氣感為主，有蒸氣感，電流氣感，光感，這都是屬於內動，蒸氣感會覺得身體內部像是一個蒸爐，有蒸氣往上蒸騰，甚至從頭頂而出。電流感通常會從手開始，覺得有微弱電流，然後到頭，慢慢的身體內部會產生電流，練到後來，甚至會在身體前後繞圈，甚至越繞越快，快到一個程度，到一個臨界點，這個電流，會跑到中脈，就不再跑任督二脈。

　　電流跑到中脈的同時，會打開玄關一竅，產生光感，練到後來，熟練的修練者，甚至會直接打開玄關一竅，進入光感階段，有時候會光感和氣感同時產生，但是大多數出現光感之後，身體的氣感會減弱，甚至失去身體的體感。

　　不管是外動，或者內動，都是屬陽動階段，到了光感階段，還不算入定，有些人會把光感階段，稱為性光，認為這就是明心見性，但是其實這還在陽動的階段，還不到明心見性，真正的明心見性，應在陽極生陰，陰極生陽的第二個陽

才產生，而不是在第一個階段尚未到陽極的陽動階段就會產生，這一點必須要釐清的。

光感階段最常出現的是烏肝，兔髓，黍米，此三種光有何不同，請參考後面的解說。

陽動階段隨著個人功力的深淺，有可能是外動，內動，都不相同，不管在陽動的哪個階段，練透之後，都會進入陽極生陰的現象，而這個生陰，也就是識神開始慢慢消失，所以稱為生陰，剛開始的功態，大多是以昏沉的現象出現，因此，切不可抗拒初期的昏沉，如果沒有耐心度過昏沉，則無法產生真正的正定。有許多門派，都教人一些法門抗拒昏沉，很可惜的，這些法門雖然在抗拒昏沉方面非常殊勝，但是同時也屏障了入定之門。

陰極生陽，昏沉到了極點，就會醒來，醒來的剎那，會產生陽，這個陽，和第一個陽，陽極生陰的陽，雖然都是醒，但是效果大不相同。真正的修練就是要把握這第二個陽，在陰極生陽的生陽霎那，提起覺知，而不是拍拍屁股以為練完了要走人了，應該要提起覺知，就能夠產生三種不同階段的生陽現象。

第八章　三種陽生

一陰一陽謂之道，練功先陽極生陰，然後陰極生陽，這個陰極生陽的「陽」，稱為「一陽生」或者「陽生」。

常見有三種形態：

一、**後天陽生**：陰太重，或者後天意念太重，或者不知何者為先天，或者對肉身有執念者，諸如此種類型，練出來的陽生，通常就是後天陽生，大多是屬於氣機的重新發動，也就是回到最初的後天陽，也就是「陽極生陰」的「第一個陽」。

二、**短暫先天陽生**：陰略重，尚未化完，但是已經略知先天，此類型者，會在「陰極生陽」之際，產生短暫性的先天陽生。此短暫的先天陽生，即下一個階段的奠基。

三、**長時間的先天陽生**：此類型的陽生，已經化陰完畢，故不需要陽極生陰，陰極生陽，只要略練片刻，即可進入先天陽生，擁有此現象者，已達「純陽之體」，可以「入虛空定」自在。練到此階段，要練成真人，指日可待。

要特別注意的是第一種，第一種常見於搬運法練習者，因為沉迷肉身，分不清楚先天後天，因此，即使已經達到陽生，仍以後天濁陰之意，升起第一個陽，雖然自身覺得氣機變強了，卻因此而走上歧路了。

第九章　內觀

　　內觀，我們一聽到內觀這個名詞，就會想到南傳佛教的內觀，但是我們的練習，雖然有內觀，卻和南傳佛教的內觀是兩回事。

　　南傳佛教的內觀，目前大多還是放在有為法的傳授，例如固定坐姿，出現腳疼痛的問題，觀腳痛。把觀腳痛，訓練不執著這個痛覺，當成實修。

　　但是我們的練法，是把雙腳解除，允許雙腳做任何動作，甚至初學者要到一塊大草原，充分地讓雙腳能夠解放。

　　我們的練法，沒有卡死在一個固定的姿勢，所謂的腳痛，問題也從來就不存在。我們練的，不是去觀腳痛，而是去看氣如何帶動身體，並且同時看見自己是否產生心理上的干預。

　　最大的重點，不是在觀察痛，讓痛和自己分離，而是在觀察氣的變化，並觀察自我感，在變化的過程當中，所扮演的角色。我們在動功階段，觀察自我的干預，覺察自我的干預，並且放下自我的干預，讓一切自行演化發展。

　　因此可以從小小的前後晃動，到繞圈大跑，各種繞圈跑，到手的姿勢，手印，到喉嚨的發聲，到手腳並用，身印，手印，發聲對於身體內部氣脈的震動等等到最後，自然演化成靜功，出現熱流電流在身體移動的氣感，出現光流轉動的內景等等，非常豐富的變化，到自然而然，開心竅，進入禪定狀態，甚至有可能進入空定狀態。

這是我們的內觀練法，不設限身體在一個固定的姿勢，而是同時觀察自我是否干預，和觀察氣在身體的種種變化，甚至從氣的變化觀察到識的變化。識的變化，在道家稱為練神，練氣練到某一個程度，氣就能進去化神，這是一個自然的轉變。

　　我們練的內觀，不是一直掙扎在腳痛不痛之間，甚至從頭到尾，腳痛的問題，從來也沒有出現過。唯一比較大的問題，就是對自我的觀察，向內觀察的能力。內觀是否能夠看見，自我在整個練習過程中所扮演的干預角色，如何讓自我在內觀覺察之下，無所遁形，讓干預不再藏在黑暗的角落，自己不會因為要追逐功態，追逐一種成就感，而對功態產生干預的影響，這是我們在內觀方面練習的重點。我們練的是一種最純粹的法則，因此，一顆純粹的心，非常的重要，如果帶有一種想要追求成就感，或者想要成為大師的心態，肯定練不成無為法，因為這樣的心態，會導致一種內觀的扭曲，無法產生如實觀察，干預就會在黑暗當中悄悄的滋長。

第十章　中觀

如果說內觀，是前行的引擎，中觀就是調整左右方向的舵手。只有內觀，傻傻的往前走是不行的，還得走對方向。中觀，就是不放縱，不壓抑。在練的過程中，不刻意去增加意念，也不刻意去減少壓抑意念，而是遵循中道原則。

現在市面上很多流行的方法，會用各種有為法，例如守竅，觀想，導引等等，都是用注意力去加強氣感，這樣的做法，不僅擾亂了氣原本自然要走的方向，也加強了後天意念干擾。我們知道，後天強力干擾之下，先天就很難出現了，可以說沒辦法出現的。很多人都知道不應該用後天去干擾先天，可是這些人依舊在追尋密法，用後天方法想要到達先天。

中觀，就是這一條路，把我們從後天，自然而然的帶到先天狀態。如果要說密法，中觀也算是一種密法。因為一個初學者，很難知道什麼樣的內心現象是不壓抑，不放縱，什麼樣的心理態度才是中觀。這時候，老師能給一個調整方向的作用，這就是一種密法。當然，這得建立在學生信任老師的基礎上，如果老師跟你說這樣已經是壓抑或者放縱了，而你卻不在乎，依舊抱著原先的態度，那自然就回不到中觀的方向來，自然就練不出成就。因此，中觀就是一種態度，面對實修種種狀況下的一種態度。

第十一章　覺

重點不是站多久，或者動了多久，而是你的覺照有沒有產生。

只有在覺照下的自發功才是丹道修練，無為丹道以無為自發功為初始入門功夫，但與其他人練自發功的重要不同之處就在於——有沒有覺照。

對身體的深度覺照，能引發更細緻的氣，更細緻的動作，這樣才能產生演化，打開玄關，進入真正的丹道修練。

同時覺也是有層次的，這需要我們對於覺知的堅持不懈的修練。剛開始練的時候，雜念多，氣機弱，這時候要把覺放在身體，氣機的發起點，等到氣機強了，雜念少了，就可以覺心念的驅動，不要讓自己陷於一種誘發功的狀態，不斷的用意念驅動氣機的發動，所以這時候，不干涉，不放縱，不壓抑，就變得很重要。

第十二章　鬆

　　鬆可以說貫穿整個練功，鬆是有層次的，從身體動作的放鬆，到姿勢的放鬆，不強迫自己死守一個姿勢，到自我感的放鬆。最難的是自我感的放鬆，也就是意識的放鬆，許多人練功，常常會執著於功法，殊不知只要意識有所運作，就無法將意識鬆開，只要意識鬆不開，就無法產生入定態，也就卡在氣功態。

第十三章　恍惚

　　恍惚是入陰非常重要的特徵，如果沒有產生恍惚，而強行用意識讓自己停留在清醒的狀態，這就沒辦法進入化陰的階段，沒有將陰陽練透，自然也無法進入丹道的領域，這是一個非常大的誤區。許多大師自己也在這個節骨眼栽了很大的跟斗，認為一靈獨存，置心一處才是入定。很抱歉，將注意力鎖死在一個所緣上，而不放掉，這是沒辦法進入下一個階段的，因此放下對注意力的執著，進入恍惚的狀態，是丹道當中一個非常重要的步驟，也是最容易被誤解的步驟。因為剛開始的恍惚，幾乎跟昏沉睡著沒什麼兩樣，必須花很長的時間，有可能一個月兩個月，有可能一年兩年，才能漸漸的從昏沉慢慢走向真正的識神隱元神顯的入定態，不管是昏或是清明，都是識神隱的狀態，都是恍惚的狀態，只是陰氣多寡所造成的昏明程度不同而已。

　　恍惚是練丹道的必經過程，由昏到明是一種自然狀態，隨陰氣多寡而定，即《參同契》所說：「昏久則昭明」。強行使用各種技術，讓自己停留在置心一處的狀態，抓住識神不放，則是阻擋進入恍惚的狀態，讓自己難以順應自然的趨勢，無法將陰陽練透。

第十四章　場地選擇

　　對一個初學者而言，要體驗無為法，最簡單的就是從最外層的動功練起，而動功一開始對場地的需求很嚴格，因為雙腳必須徹底放開，自由行動，因此所需要的空間範圍很大，前後跑，繞圈跑，旋轉等等，都需要很大的場地，才能產生雙腳的動作，因此場地的選擇，必須以大型草地為標準場地，公園或者操場中間都可以，最好的場地是中間有大片草皮，周圍有大型樹木為佳。

　　而練到有入定態出現的人，則需要安靜的場地，避免遭受干擾，難以入定，並沒有限定一定非得在什麼地方，當然能夠有樹木的戶外場地，氣場還是比室內好，只是戶外場地能夠完全安靜的，就很困難了，因此練到入定態出現的階段，常常被迫要將動功靜功分開來練。

第十五章　練習時間

　　練習時間並沒有限制，但是上午還是最佳練習時間，如果受限於工作，只能說有什麼時間練，就什麼時間練。

　　每次練習時間，最好能夠挪出一段完整的兩小時時間，更長也是可以的。但是千萬不要只有練五分鐘，五分鐘是練不出什麼東西的，時間太短了，從陽氣升起，到陽氣下降，自然進入靜功，起碼也得有兩小時的時間才夠。

　　有些人只有睡覺前幾分鐘才練習，在床上打坐幾分鐘，就躺下睡覺，這已經不能稱為練功了，這樣練個幾年，也是不可能進步的。還是必須挪出一整段時間，到戶外去從動功練到靜功，一個完整的過程，才有辦法進步。

第十六章　注意事項

　　初學者特別要注意的是：在動功發動旺盛的時候，千萬不可突然人為暫停，如此很容易造成氣沖上頭，輕微者頭暈想吐，嚴重者暈倒都有可能。

　　最好的練習效果，是一口氣從動功練到靜功，完全練透，不要在半路的時候，人為停下。

　　如果因為時間不夠，不得不停下來，也不要突然立刻停下，要預留幾分鐘，慢慢停下。可以先給自己一個意念，告訴自己要慢慢停下來，如果還是沒有停下來的跡象，也不能驟然停止，必須控制在可以慢慢停下的速度。在這種情況，即人為停止練習的狀況，必須預留長一點的時間做收功。基本的收功原則，就是將氣由頭上，上半身，往下刷，可以用手去刷，可以用手拍打，按摩，最後可以將刷下來的氣接地，或者直接讓頭接觸地面或樹幹，都可以有接地的效果，這樣就可以把卡在頭上的陽氣排出，避免頭暈噁心。

　　冬天出門練功，如果想要一口氣從動功練到靜功，也要注意保暖問題。

第十七章　心態

「心態」是實修當中最大的障礙。正確的心態，就如同你有著正確的方向，能夠在茫茫實修路上，引領你前往目標。

我們前面為什麼要提到「內觀」「中觀」，也就是講心態的重要。特別是無為法，完全沒有任何固定的招式，只有固定的原則之下，心態就更形重要了。心態包含個人的價值觀，信仰，看世界的眼光，生活的習性，對實修的看法等等。

我們常看到新人來，第一個疑惑就是：為什麼我們不從打坐開始？

大部分的人認為修行就是要從打坐開始，特別是所謂搞實修的，幾乎沒看到有人不是從打坐開始的，這就是第一個遇到的知見問題。

如果克服了第一個知見的問題，知道了從打坐開始的問題跟氣脈有關係之後，也能接受從站姿動功開始，他又得面臨第二個問題。

幾乎所有人的認知，都是認為修行就是從在室內打坐開始，但是在室內練，只要遵循無為法的練法，很快的就能深切體會到：室外的天地之氣，比起在室內的氣強太多了。

假設這個人，又克服了第二個問題，他能知道室外的氣比室內的氣要強，在室外是比較好練，容易進步的，他還是得面臨第三個問題。

第三個問題：他可能也接受從動功開始是能夠讓氣比較強的，也能接受在戶外氣比較強，但是他站在戶外，他就是不願意動，他覺得實修就是要莊嚴，他無法接受所謂的實修一開始就像瘋子一樣的亂跑亂動，所以一開始他的兩隻腳就緊緊地釘在地上，他覺得站樁是比較有威嚴的，比較像實修者的。

即使他接受了，練功一開始因為氣脈的問題，本來就會亂跑亂動，這是沒辦法的事情，可是他還是要面對第四個問題。

第四個問題：有的人可能以前練過什麼動功，什麼偉大的拳法，他就直接把什麼功什麼拳，就當成動功來練，他基本上能接受動功是可以在初期的時候，激發較強的氣感，可是他還是不能接受亂跑亂動的自發功，因此他練動功的時候，他就把某某拳直接當成動功來練，他認為這樣就是有練到動功了。

如果他連這個心理關卡也過關了，他肯放下以前練過的某某偉大拳，也願意在練動功的時候，從頭開始練起，可是他還是要面對第五個問題。

第五個問題：假設這個人，他肯接受站姿開始練，也能接受出門練，也不會去執著現在流行的站樁，各種拳法的招式等等，能夠接受從動功開始，他還是得面對第五個問題，就是能不能發動的問題。

這牽涉到天賦與個性，主要還是牽涉到個性，有些人的個性比較拘謹，比較相信權威，因此對於自身的潛能，無法予以肯定。對於放鬆就能產生動功這樣的一個現象，或許抱

著質疑，害怕，或者因為心態過於僵化，即使站了很久，依舊無法自然產生動功，這樣的人大多以年紀大的人為主，或是以追求權威性格的人為主。

即使這個人，他能跨過這個心理關卡，順利發動了，他還是有第六個問題要面對。

第六個問題：雖然這個人克服前面五個心理障礙，他終於出門，不從坐姿開始，不執著站樁，不執著太極拳，也能開始發動了，但是他發動的型態，卻受到他的信念的高度影響，例如他肯定旋轉，他就一直沉溺在旋轉的狀態，肯定亂語，就一直沉溺在亂語的狀態，肯定曬太陽，就一直沉溺在躺著曬太陽的狀態，肯定氣感，就一直沉溺在皮表的氣感狀態。

第六個問題，就是這個人心裡是有所偏好的，雖然他也能發動，但是他發動出來的，不是自然產生的，是誘導產生的，而這個產生的功態，跟他對於自己下意識的無知，有高度的相關，這樣的人，主要會出現在外求者，對自己的念頭完全沒有覺知能力者。換言之，就是未開悟者身上，嚴重無明的人，就會出現這種現象。這種人完全受到下意識的宰制，沒有任何覺察能力，就是活在一種縱慾狀態的人，追逐慾望的人，最容易產生這樣的情況，也是最容易沉溺的人。這種人，雖然沒有受到信仰的控制，例如覺得站樁或者太極拳特別偉大，也沒有特別愛擺架子，喜歡擺出一副大師的樣子，這樣的人沒有這種野心，但是這類型的人，喜歡沉溺在一種快感當中，只要功能的內容出現令他有快感的現象，他就會一直不斷的讓自己重複這種快感，沉溺在這種快感當

中，所以要克服第六個問題，就是要有覺知產生。

假設這個人，他克服了前面五個問題，連覺知也都克服了，他也開始對自己的念頭，產生覺知能力，也看見自己的快感如何控制自己，因此他能夠不受快感的宰制，而能夠讓內在覺產生，可是他還是得面臨第七個問題。

第七個問題：就是這個人他前面的問題都克服了，他也發動了，可是他從來不知道練氣功可以練到這樣狂轉，還嘔吐，這對他來說，是一個無法克服的心理障礙。之前遇過幾個人，不多，少數幾個，在旋轉這關就退縮了，被旋轉時候的身體不適感給嚇退了。

第八個問題：很多人練功，知道要出門練，知道不要受到意識干預，知道不要強加太多價值觀在動作上面，這些都知道了，也成功地發動了，甚至更有天分的人，不用人家跟他講前面的部分，他自己就發動了，甚至以前練過打坐或站樁，在不知道有所謂的自發功之前，自己就發動自發功了，這樣的人是很常見的。但是這個人練著練著，什麼時候對他來說是練完？

如果這個人，他也熬過了強力旋轉，從大動練到小動，然後練到不動，他就以為他練完了，肚子摸一摸，臉上摸一摸，他就回家了。有沒有這樣的人？有喔，很多，特別是「只」練自發功的人，這樣的人特別多。大動小動不動，然後呢？沒了。這樣叫做練完了嗎？不動了之後，肚子搓一搓，收個功，就算是練完了嗎？當然不是。但是有幾個人自己能夠悟到這樣不算練完呢？據我所知，很少。

到了這個階段，通常會遇到對於陰陽認知的問題。我們對於陰陽這個名詞雖然耳熟能詳，可是陰陽的內容到底是什麼，在丹道上面的應用是什麼，恐怕還是有待商榷，大多數人還是非常陌生的。我們知道春天來了，就是夏天，然後秋天冬天。我們也知道早上太陽升起，中午太陽最高，下午太陽下山，晚上半夜最陰冷。可是有幾個人知道陽極生陰，陰極生陽這個規律？而練功當中的陰陽又是什麼？這個是在練功當中經常出現的問題。

　　丹道需要遵循陰陽的原則，陽極生陰，陰極生陽。大多數來本群學習的人，聽到這樣的說法，大多能夠接受，不過我以前在其他地方講的時候，遇到不少人，用一種不屑的眼光，覺得這有什麼，雖然自己練的時候，沒照這個說法來練，但是也不覺得這樣練，跟原來的練法有什麼不一樣。換言之，大多數的人，對於陽氣的生發是認同的，但是對於陽氣收斂入陰是相當不屑的

　　假設這個人，跨過前面七個問題，現在對於第八個問題陰陽的認知也能夠接受了，對於陽氣入陰、陰陽平衡的重要性也能了解，他還是有第九個問題要去面對。

　　上次講到第八個問題，對於陽氣收斂入陰，也能夠理解，練功的時候，也能夠先陽後陰，不排斥進入昏沉恍惚的狀態，接下來要面對的第九個問題，就是陰極生陽的問題。

　　很多人克服了第八個問題之後，每次練功就是動功靜功，然後醒來沒了，站起來拍拍屁股走人了。練了很久，也沒啥進步。他就是忽略了陰陽還有一個原則：陰極生陽。還有第二個陽要面對，所以練的時候，不是陰極醒來，沒了，

這樣是不對的。在醒來的霎那，依舊要保持覺照，繼續堅持一陣子，如果狀況好的話，第二個陽氣就會出現。如果狀況更好，這第二個陽氣，就能夠產生一陽生的現象。

如果這個人，第九個問題也克服了，能遵照陰陽的規律來練，也能順利的產生一陽生的現象，但是他還是要面對第十個問題。第十個問題就是時間的問題，如果這個人一天只練一次，或者一個星期只練一次，雖然有短暫的一陽生現象，但是畢竟力道不足，所以時間的投入，就成了關鍵。

一星期只練一次，跟一天練三次，效果是完全不一樣的，一星期練一次，可能只能維持一個不退步，如果這個人身體狀況差些，一天練一次，可能也只是維持不退步，偶而有一陽生，但是這個一陽生要能夠演化成真人階段，那就很困難了。但是如果一天能練三次，甚至四次，而且每次都是陰陽練透，從陽極生陰，練到陰極生陽，整個程序都是完整的，那這個人他的一陽生就有足夠的動力，可以產生更進一步的演化，就有機會可以進入空定了。而空定就是開始真人階段，也是丹道最大的奧秘之所在。

丹道的練習，如果只停留在氣功狀態，甚至只有陽氣的生發而已，那我們只能說這個人練的是氣功，不是丹道。丹道的練習，必須是遵循陰陽法則，陽極生陰，陰極生陽。在無數次的反覆陰陽之後，終於可以跨過那道最高的牆，進入空定的世界，開始凝聚真人的演化。

所以我們以上講的是大範圍的幾個觀念，當然錯誤的觀念，不只這些。這邊講的都還是認同無為法，願意練的，還有更多的錯誤觀念，本身就不認同無為法，而有其他另外的

知見，這些其他的錯誤知見和心態，就足以阻擋一個人看見道之所在。

例如相信咒語可以控制鬼神，例如相信黍米聚集的光可以結成金丹，例如相信念經可以和鬼神有感應，例如相信在恍惚狀態下看見的影像就是開天眼，例如相信夢境中看見自己飛翔就是出陽神，例如相信置心一處就是入定等等。

有太多現在市面上流行的觀念，就是阻擋修道者見道的根本原因，我只能列舉上述部分，相信還有更多各式各樣的觀念，一個人就是一個觀念，這世界上這麼多人，有各式各樣的觀念，是很難百分之百列舉的。例如不相信丹道修練的真實性，卻相信丹道可以治病，所謂的練丹道，只不過就是為了治病，這樣的人佔的比例，可能比上面講的人數，多上好幾倍。

當我在教學的時候，遇到這樣的人，也是很有感觸的，這類型的人，教他什麼他都願意學，只要能恢復健康，他什麼都學。可是當他恢復健康之後，他就不理老師了，什麼丹道修練，對他來說，根本就不切實際。這樣的人，教的時候不覺得有大問題，可是到了後期，問題就開始出現了，他對於目標，並沒有興趣，只對自己的肉身健康有興趣。

對老師來說，這也是一種無奈，說不定這個人剛開始確實對解脫生死練成真人毫無興趣，但是在領悟了無為法的威力之後，說不定也是有部分的人，改變了人生觀，願意對丹道的終極修練產生興趣。

第十八章　單練或團練

　　剛開始練自發功的時候，對於自發功的各種動作，其實是存有恐懼感的，這種恐懼，主要是面對不可知未來的一種恐懼，不知道下一步要出現什麼樣的動作，加上剛開始的旋轉太過驚人，被旋轉嚇過之後，對於未來還會出現什麼，有一種不可預期的恐懼。

　　我剛開始練的時候，那時林教授的書，還出的不是很齊全，講的也很少，所以很多動作與現象，是書裡面完全沒有提到的。因此我剛開始練的時候，經常到去各個自發功道場去找人交流，看看別人怎麼練。

　　當然練到後來，林教授的書出多了，加上朋友也認識多了，網路上的交流也多了，對於自發功有什麼現象，大概也了然於心。但是剛開始的時候，確實是經常去找人團練，因為我住的地方是一個人口數不多的小鎮，沒什麼人在練自發功，當然主要還是以自己一個人單練為主。所以對一個初學者來說，雖然因為地域的限制，只能自己一個人單練，但是心理上還是會想要團練。

　　這個問題，後來用日記的方式，得到一種解決。尤其是在網路時代，雖然是自己一個人練習，但是利用日記能夠和其他朋友交流練功心得，也能產生團體認同感，這樣就不會有一種太過孤軍奮鬥的感覺。

　　所以我們在社群軟體，組織一個練功團體，用日記來做交流，有老師，有同道好友，雖然大家天南地北，大部分的

人幾乎沒見過面，但是彼此之間，藉由社群軟體的交流，就能有一種團練的氣氛在，這樣的一種方式，不只是有團練的氣氛，而且老鳥可以帶菜鳥，有經驗的師兄可以帶新人，這樣的一種互動的氣氛，可以讓一個人能夠支持更久。所以藉由網路時代的社群軟體，在成本很低的情況下，就解決了團練支持的大問題。

　　當然還有一種情況，是單練和團練不一樣的地方。我們知道練到某一個程度，會和外界的氣交流，這個交流的現象，在自發功的動功階段，是可以看到的。一個人練的時候，頂多就能感覺到外氣好不好，例如有草有樹有陽光的地方，就是比室內好，醫院的氣不好，諸如此類。但是如果兩個人一起練，而兩個人程度都還不錯，就會產生有趣的互動模式，兩個人如果站得夠近，兩人之間的氣，會互相牽引拉扯。

　　曾經有兩個功友來找我，一個是練了很久，來找我交流，一個是剛開始，生性害羞，發動不起來，來找我尋求如何發動的解決辦法。剛好兩人同時出現，就大家一起練，我在旁邊守護。突然那個練了很久的，開始圍著那個無法發動的人轉圈，那個無法發動的人，突然開始慢慢動起來，然後就開始原地旋轉了。最有趣的是，兩個人從頭到尾都閉著眼睛，都不知道發生了什麼事情。這就是兩人之間發生了氣的交流與牽引的作用。

　　我自己剛開始練的時候，曾經去過台中道場，在我身上也發生過類似的事件。當時我是初學者，練著練著，突然我就跪下來，一直往下甩頭，看起來就很像磕頭。然後我就感

覺到我的頭碰到軟軟的東西，睜開眼睛一看，是一個男生的腳。那個男生正張開雙手在曬太陽，他也在練自發功。當下兩個人都很尷尬，正當不知如何是好的時候，守護場地的一位退休老師過來把那個男生拉開，就此解決了一個尷尬，我也沒跟對方說什麼，閉上眼睛繼續練下去。

這是在動功階段會遇到的一種有趣現象，而且只有團練的情況下，才會發生。當然，也有人因此而沉迷這種現象，過度誘發這種互動模式。我就曾經看到有某自發功道場的一個群體，特別愛玩互動，一練功就開始你打我我打你，打來打去，這到底誰打誰，聽說還有打到有點不太高興的，我個人是覺得這樣就執著了，反而變成後續演化的障礙。

自發功作為我們無為法的一個入門功夫，在剛開始練的時候，確實有很多有趣的現象，互動就是其中之一，但是過度執著於自發功的動作，加上對於陰陽的無知，後續要演化成丹道，就不是人人可以演化成功的了。有許多人就卡在這個階段，幾十年都是同樣的功態也是有的。

第十九章　姿勢

　　前面講到心態的問題的時候，有提到姿勢。姿勢除了牽涉到心態，也跟觀念的突破有很大的關係，無為法跟其他有為法，一個很大的差異點，就是在於姿勢的不限定，姿勢的自由度是百分之一百。

　　市面上的有為法大多限定坐姿，甚至講究舌頭擺放的位置，雙盤的時間之類的。但是無為法完全把姿勢的限制取消，讓身體百分之百順應氣的需求，當下的需求，不刻意去讓身體處在一種受限制的狀態。

　　可能剛開始要練的人，很難去理解：為什麼修道需要找一塊大草地奔跑，為什麼練氣會練到在草地上面轉圈跑。但是如果有閱讀過林孝宗教授的《自發功》一書的人，就能清楚知道，氣剛開始發動，因為全身的經脈還不太通暢，特別是雙腳的經脈，全身從頭到腳的左右脈，這兩部分的經脈，如果坐著練，要打通是非常困難的事情。但是如果能夠找一塊大草地，讓身體完全自由移動，雙腳的經脈，和從頭到腳的左右脈，就可以非常快速且強烈的方式打通，因此就會產生大動作，看起來就像是跑來跑去。

　　可是練的人可以很清楚的感覺到，有一股很強的氣拉著自己左轉或右轉，甚至八字形，前後跑之類的。這種被氣拉著跑的超強氣感，若非親身體驗，只知道打坐，在呼吸中追求微弱氣感的人，是很難體驗到的，也很難理解到，氣感竟然可以強烈到這樣的程度。

除了一開始的大動作，到後來的入定，也是跟市面上的有為法差異很大，入定態到了開心竅之後，幾乎躺著練也行，所以反而大家認同的坐姿，在無為法當中，持續的時間，並不是很長。不是說沒有，過程中也是會出現，只是不像有為法刻意把姿勢鎖定在坐姿，無為法因為是姿勢去配合氣機，所以坐姿有出現，但是時間不長。

關於無為法用自發功作為入門功法，在姿勢上，有各式各樣的變化，各位可以參考林孝宗教授的幾本自發功著作，內容寫得非常詳細，我這邊就不再贅述。

第二十章　無為法功態現象概述

　　無為法剛開始以自發功為入門功法，一來因為我本身是從自發功當中悟出無為法，二來自發功是最接近無為法的功法，幾乎可以說自發功的本質就是無為法。所以剛開始自發功作為入門功法，功態就如同林孝宗教授書中所述，從大動，小動到複合式連動等等。大動有雙腳自由移動，旋轉，轉大圈，八字形，前後跑，公轉自轉等，雙手大動有大車輪，拍打，甩手等等。小動有雙腳類似八卦掌步法，類似太極拳原地緩速移動，雙手有滑動類似太極拳，手印身印的變換等等，各種複雜的小動。小動是最複雜的，而且會雙手雙腳結合在一起動，甚至連聲音也搭配雙手雙腳一起，詳細的動作，可以參考林孝宗教授自發功相關著作。到了靜功，剛開始還是比較昏沉的，甚至跟睡覺沒啥兩樣，但是即使跟睡覺沒啥兩樣，在心態上，還是不能當成睡覺。剛開始陰陽反覆，大動會搭配比較昏沉的靜功，慢慢的轉變之後，會變成小動搭配可能略有氣感光感的靜功，然後再陷入昏沉，也就是說在小動和昏沉之間，可能會出現一段外不動，但是內動的氣感光感。

　　這段外不動內動的氣感光感，是大多數人比較熟悉的，氣感有各種感覺，但是有兩種主要的感覺是大多數人都會出現的，一個是熱感，剛開始會覺得體內像蒸籠一樣，有蒸氣往上，熱感蒸到某個程度，濁氣排除比較乾淨之後，熱感就會轉化成電流感，剛開始可能是身體局部位置，例如雙手，

或者頭，臉，這是早期比較容易出現的電流感，有點麻麻的電流感，繼續練下去之後，麻麻的電流感就會從比較表皮，慢慢往身體的裡面進去，可能會覺得肚子有氣在繞圈圈，可能會覺得頭裡面有電在鑽洞，可能會覺得脊椎裡面有電流繞行等等。

光感的部分，剛開始會出現如同北極光的光，繼續練下去，可能會出現點狀的光，也有可能一堆點狀光，不過這時候的一堆點狀光可不是白雪霜飛。在進入心竅之後，也可能會出現一段時間的白色圓形光，這個可不是圓月，很多人會把這個當成圓月，把幻境當成出陽神，要是這樣，那就完蛋了，等於是把做白日夢當成修練了。

繼續陰陽反覆之後，可能就會開始進入開心竅的過程，開心竅這個過程，每個人情況不太一樣，有的人身體狀況比較差的，就會感覺好像快要心臟病了，有的人身體很好，啥病都沒有，這裡就感覺不明顯，可能只是心跳用力一點而已就過去了，每個人狀況不一樣。

開始進入心竅，化解心竅裡面的陰氣，化解完成之後，就會進入空定，因此進入心竅化陰也是一段漫長的歷程，在這段漫長的歷程當中，也有屬於這個階段獨特的過程。剛開始可能就是昏沉多，後來慢慢有點半睡半醒，後來醒多昏少，這中間是有一個慢慢轉變的歷程，所以說不要把靜功當成睡覺，這樣的心態，會讓這個轉變產生不了，一個內在的覺，就出不來了。這段入心竅化解陰氣的過程，屬於佛陀所說的欲界色界的過程，扣除初禪的置心一處的各種氣感，從比較昏的欲界到開始開心竅的色界二禪到四禪，都屬於這個

階段。這個階段就是《參同契》講的：「昏久則昭明」的階段。昏多的原因是陰氣多，昏少就是陰氣少了。這個化解心竅陰氣的過程尾端，也就是出定的剎那，不要馬上離開，也要繼續練上一下子，讓陽生能夠有機會產生，因為這個陽生的演變，就是下一個階段（空定）的基礎。

　　這個化解心竅陰氣的階段如果完成了，就進入空定，就開始進入真正丹道的領域了，前面都是在跨越高牆的準備階段而已。進入空定，一開始的陽生會先產生初級陽生，就是身體在出定時候，氣感特別強。第二階段的陽生，則會產生各種幾何形狀的光。第三階段的陽生就開始進入大藥開啟階段，會產生摩訶曼陀羅，也就是擁有形字印完整的曼陀羅，曼陀羅更淨化，就會產生圓月，當然在剛開始大藥開啟的時候，拙火上升，會產生白雪霜飛的前奏，不過這裡講的白雪霜飛，跟剛開始出現光感時候的白色點狀光，又不一樣。關於內景，有一個問題，就是有些氣功態的內景文字描述，跟虛空態的空定內景文字描述，幾乎是差不多的，所以光用內景來描述，半斤八兩，容易造成誤解，所以我常常會要求學生把次第寫清楚。看到底是在氣功態，還是虛空態產生的內景，因為如果次第寫不清楚，只知道內景，那八成是氣功態，只有氣功態才會發生在次第不清楚的情況下。能夠練到虛空定，就能夠很清楚的知道，其中的一些過程次第。空定一直演化到後來，圓月之後，就會開始凝聚真人，一個真正的光人，這個光人一旦開始產生，進行演化，就開始進入佛陀所講的法身意生身的階段，之後還有報身化身的演化。

越到後面，練成功的人越少，因此可參考資料非常少，可靠性也有待驗證，因此我不方便寫得太清楚，以免造成誤導，等日後如果練到這裡的學生越來越多了，有越來越多可靠的樣本資料可供參考，未來若有機會，再跟大家報告後面的演化。

　　剛才提到開心竅的過程，從比較昏的欲界開始，到空定的開始，都要小心一個現象，就是幻境，比較昏的幻境，大多是由大腦產生，這個時候是比較容易分辨是否是幻境，除非價值觀偏差很嚴重，滿腦袋怪力亂神的人，就很有可能無法分辨真假。比較不昏的幻境，大多是由心竅的陰氣產生的，這裡產生的幻境，甚至能達到身歷其境的感覺，又或者非常的真實清晰，因此練到心竅這裡，到底是幻境，還是內景，就是要靠次第，還有意識狀態來看了，因為每個人的日記文筆描述風格不一，所以這裡是相當難以辨認的，只能說長期去觀察，看看到底是幻境還是內景。加上有的學生可能求好心切，會對於次第的描述不太真切，就更加深了辨認的困難，如果因此造成老師的辨認錯誤，對於學生自己的實修，也是一種傷害，明明是幻境，卻當成了內景，這樣就非常的遺憾了。因此在這個過程的記錄，務必要做到如實記錄，不受到成就感的誘惑，面對真實的自己，是非常的重要的。

第二十一章　氣功態

　　很多人都有一個基本的觀念，認為修道就是要打坐，而打坐就是為了要入定，可是又有多少人知道，沒有氣功態，是很難產生入定態的。很多人為了養生練氣功，很多人為了修道練打坐，但是很少看到有人把氣功入定整體一系列練下來。

　　我們無為丹道當然是以修道為核心信念，但是剛開始的入門，則是從氣功態入門，採用的是自發功當作入門功法，主要就是自發功可以在不中斷整體練習的情況下，順利的從氣功態，接軌到入定態，甚至虛空態。

　　氣功態入定態的一個區別，主要是意識狀態。氣功態就如同大家所認知的氣功一樣，有氣感，當然如同前面說過的，剛開始的氣感，是比較粗的，初學者只能感受到動作的拉力，有一股力量在拉著練習者做動作。繼續練到某一個程度，氣感才會由拉力，慢慢轉變成熱流，電流的感受。當然不是只有動作、熱流、電流才是氣功態，在靜功狀態下的光流，也是屬於氣功態，這一點無為丹道的觀念和其他丹道門派的觀念是不一樣的。

　　其他門派可能認為有光就是性光了，屬於高級的入靜了，甚至有的門派會認為這已經是入定了。可是無為丹道不是這樣的劃分，只要有意識在運作，也就是識神為主的狀態下，都是屬於氣功態。這一點和其他門派有相當大的差異，特別是搬運法，因為長期注意力放在氣感的搬運，強調任督

氣感的搬運，有的甚至會認為光感是練偏了，只有搬運任督之內的氣感，才是唯一的修練方式。

當然，無為丹道是反對氣感搬運的，氣感的搬運只是將整個氣卡在任督這一個狹隘的範圍之內，無法產生演化功能，當然也不可能練成金丹。無為丹道的氣功態，是從動作的產生，熱感，氣感，光感，這一個流程的轉變，都稱為氣功態，只要是意識存續的狀態，都是氣功態。

第二十二章　入定態與虛空態

　　無為丹道定義的入定態，是從意識開始消解算起，從欲界定，比較昏沉且容易產生幻境的入定態，到心竅開啟的初始階段二禪，較為穩定的三禪，直到最穩定的四禪，都是屬於入定態。

　　這個狀態的特徵，就是氣已經走完全身了，開始往心竅集中，開始進入意識的消解，因此練習者很明顯的會感覺到身識的消失，到六識的消失。特別是聽覺，會產生改變，類似睡眠狀態的聽覺，但是通常睡眠狀態是沒有醒覺的感覺，而入定態在二禪以後，是有醒覺的感覺。套句通俗的話來說，就是「身體睡著了，可是自己覺得是醒著的」。因此剛開始的入定態，經常會聽到自己的打呼聲，會覺得相當有趣，以為自己是醒著的，怎麼身體開始打呼起來了。

　　在無為丹道的定義，入定態屬於陰的狀態，是氣入心竅化解五臟陰氣的狀態。氣功態屬陽，入定態屬陰，所以陽極生陰，就是由氣功態練到入定態。用無為丹道的方式，可以連貫的練下去，自然的演化，不用分割成這個功法如何如何，那個功法如何如何，有用到功法的，基本上都是有為法，而且幾乎都是在意識的運作之下，換句話說，有為法是屬於氣功態的法，要進去入定態，只能是無為法。無為丹道可以無間斷的從氣功態一路練到入定態，採取自然演化方式，不用任何特殊的密法方法，做任何形式上的干預，因此這樣的練習，可以練出真正的入定態，而非某些門派以為的

只要看到光就是性光，就是入定態。

　　無為法定義的入定態，就是身體已經睡著了，六識——眼耳鼻舌身意，已經處於睡眠狀態了，但是什麼是醒著？內在的覺還是醒著，所以會產生身體睡著，自己卻覺得自己是醒著。這種狀態下的練習者，是自然而然的入定，而且沒有任何念頭，不需要很用力的置心一處，自然就毫無雜念，只剩下一個純然的覺照——毫不費力的覺照。這一點很重要，有不少門派，認為入定就是置心一處，能夠把注意力，放在一個固定的地方，就是入定。可是只要注意力、意識仍然存續，就不會是入定態，能夠置心一處，沒有雜念，但是意識狀態仍然存在，這是屬於初禪的狀態，卻不到二禪之後的入定態。

　　所以氣功態，入定態一個很明顯的分界線，識，如果存在，就是氣功態，如果不存在，就是入定態。

　　從識不存在開始，就是入定態，無為丹道又定義一個虛空態，這個虛空態的定義，就是五臟的陰氣仍然續存的狀態下，覺還是不夠清明，因此當五臟的陰氣化解到一個幾乎沒有的程度，覺就變得非常的清明。在這個清明的覺的狀態下，就開始產生微妙的變化，首先虛空態產生了，虛空態產生之後，拙火就產生了，在此，無為丹道定義，虛空態的拙火現象，就是大藥。大藥產生之後，如同前面講的，各種丹道的現象，白雪，霜飛，圓月，光人影，真人法眼，真人臉，真人全身，後續真人在玄關竅之內的各種演化，都在虛空態才會發生。

換言之，只要五臟仍有陰氣，就無法進入虛空態，這些大藥的演化，都無法產生，就會停留在入定態。因此，入定態和虛空態的一個明顯的分界點，就是五臟的陰氣。以上是定義無為丹道下的氣功態，入定態，和虛空態三種狀態。

第二十三章　欲界定

欲界定，就是心竅欲開未開之際的入定態，這個狀態因為心竅未開，所以就很容易產生幻境，甚至如果相信幻境為真，在這個狀態下，幻境就會不斷的被重複產生。

有許多搬運法大師，進入欲界定之後，產生各種幻境，並且將此幻境誤以為出陽神，自己在裡面創造了一個可以漫遊的世界，並且不斷的催眠自己在此幻境當中進進出出，這樣的情況，就跟催眠師在催眠人的情況是一樣的。藉由適當的暗示，不需要外力催眠，自我催眠就可以進入一種類似入定態的幻境，在幻境裡面，可以有一種輕微的清醒感，類似清明夢的狀態。

無為丹道的練習者，由於老師不斷的提醒這個階段必然產生幻境，因此產生《圓覺經》所說的「知幻即離，離幻即覺」的效果，很快就可以脫離幻境。但是有些大師，自己長期陷入幻境，也不斷的催眠信徒，說這樣的幻境是出陽神，並且讓信徒誤以為大師的境界極高。這一點是練習無為丹道的朋友務必要小心的，切勿把幻境當成真景，造成自我催眠沉溺於幻境的假象。

第二十四章　色界定（四禪定）

　　禪定，分成初禪，二禪，三禪，四禪。初禪講的主要是氣功態，因為氣功態一發動，雜念就會不見，所以氣功態也能算是初禪，取其以鉛制汞的特性，就是氣強起來，心念就能被自動固定住，不會消耗在雜念上面，所以置心一處就是初禪的特色。有為法也是初禪的特色，有為法利用各種方式，將注意力固定在一個地方，不一定是氣，也有可能是呼吸，觀想，念經，梵咒等等，所以只用有為法的人最多只能練到初禪，產生置心一處的效果，要再更進階，就很難了。

　　二禪，就是禪定不穩固，一下子開心竅，一下子又陷入比較昏沉的欲界定，會在兩者之間來回切換，所以二禪定是很不穩固的。三禪定就是禪定穩固了，可是到了後面，會陷入比較昏沉的欲界定，不像二禪是快速的在禪定和欲界定之間切換，四禪就是捨念清淨了，捨念其實就是進入禪定的狀態，但是二禪和三禪不夠穩固，到了四禪就會非常穩固，整個狀態就是身體睡著，裡面卻清醒的狀態。

　　因此四禪會有個狀況，就是你以為你是醒著的，但是你練到真正醒過來，你才發現原來剛才都是處於奇怪的睡眠狀態。

　　所以捨念清淨，就是取其進入禪定之後，不會再次陷入比較昏沉的欲界定，才叫做清淨。如果又回頭陷入比較昏沉陰多的欲界定，那就不清淨了。

四禪定還有一個特色，就是出定的時候，會很容易引發陽生，剛開始是氣感光感的第一期陽生，後來就會產生曼陀羅二期陽生，然後就會進入真人階段的三期陽生。

第二十五章　無色界定

　　無色界定，經歷色界定的化解陰氣之後，陰氣化解到幾乎沒有的程度，就會量變產生質變，從較為陰暗的色界定，進入光明的無色界定。

　　無色界定一個很大的特色，就是充滿了各種非常精細的光，而這些光都有獨特的形狀，一路演化，從幾何形狀演化到圓形，最後產生大圓月，圓月之後就是真人演化的歷程，因此無色界定才開始進入真正丹道演化的歷程。

　　無色界定分成空無邊處定，識無邊處定，無所有處定，非想非非想處定。根據《清淨道論》：「世尊說：『初禪入定者有聲之刺激。』而於此處（空無邊處）已捨斷（有對想）故，說入定於無色者有不動與寂滅解脫。又言阿羅羅迦羅摩入定於無色而五百車通過（彼身）傍，不見亦不聞其音聲。」可知空無邊處定相對應於四禪的初禪，和初禪不同的是，空無邊處定一下子就聽不見聲音了，耳識很快就沒了。因為無色界定一開始就已經脫離色界的六識狀態，一進去就開始識神隱的過程了，這和色界初禪一進入狀況，六識俱在，是非常的不同的。也就是說色界定在丹道的術語來說，已經是屬於移爐換鼎的狀態，就是以接近於三禪的層次來下手，從心下手了。色界定以腎氣為爐，開心竅為鼎。無色界定則以心竅為爐，虛空玄關竅為鼎，因此一進入空無邊處定，就打開虛空玄關竅。

至於識無邊處定，推估是開啟虛空玄關竅之後的發展，無所有處定，依照《清淨道論》的說法，屬於識的熄滅，非想非非想定，應是三階段陽生，也就是凝結金丹真人的階段。

第二十六章　四念處

　　佛陀教人分成四個層次來修行，四念處，身受心法，其實道家也是分成四個層次，從《黃帝內經》就可以看出來，第一層為經絡層，這一層以動功為主，就是身念處。第二層為三焦氣化層，這一層就是受念處，以氣感為主，各種覺受也算在內。第三層，五臟為主，就是心念處，以恍惚為主，恍惚之後，久了，會變成入定態，四禪定就是這個層次。第四層，以意志神魂魄為主，就是五臟的心藏神，肺藏魄，肝藏魂，脾藏意，腎藏志，也是法念處的層次。

　　修練上這四個層次，不管是佛家，道家講的都是一樣的。第一層，第二層，屬陽，屬於識作用的層次，第三層，第四層，屬陰，屬於識神隱之後的層次。所以我們練，不能只練一層，要四層都練到，怎麼練？就是靠陰陽反覆來回練透，就能練到。

　　當初級的動功階段，注意力放在身體，這時候和四念處的身念處是相同的階段。到了進階程度，身體開始有各種氣感，電流感，熱流感，光流感等，甚至有情緒排毒的現象，這和四念處的受念處階段相同。到了更進階的階段，開始進入意識的轉化，開始進入開心竅的過程，這時候光流從烏肝轉變成兔髓，許多人就會在此階段，見到白光，有的人會看見和圓月非常類似的內景，有的人會出現內在的空間，或者出現碧空的內景，要進入此階段，則必須萬緣放下，注意力不可太過專注，此時「捨念」和「心無罣礙」是重點。到了

更深的階段，開始進入法界，觀法無我，法界已經無自我意識了，各種真空生妙有，已經屬於無色界的狀態了。

第二十七章　氣的層次（經絡三焦五臟意志魂魄神）

　　無為法從零練起，讓氣從最表層開始，也就是經絡層次，外在展現出來的就是動功。

　　經絡層次的氣機發起點，就是從腳開始，所以無為法如果心態正確，真的做到鬆靜自然，是會從腳的氣機開始發動的。

　　腳的氣機是由腎氣發動，會從督脈開始，因此剛開始通常會前後晃動，晃到一個程度，後退的幅度會遠大於前進的幅度，然後就會開始各種後退繞圈的現象出現。

　　這些現象前提是心態正確，當然心態如果沒有掌握好，一味的干涉，那出來的氣機反應，就不一定了，看干涉的狀況而定。

　　腳的氣機走完之後，就會往上，開始走手的氣機，通常是大迴轉。

　　手腳大的氣機走完之後，就開始走複合氣路，手腳並用，這時候就會像跳舞，或是太極拳，八卦掌之類的。

　　複合氣路大的氣機走完之後，就會開始走小的氣機，例如手印，身印之類的，這時候也會開始走其他更內在的氣路，例如電流、光流、恍惚。

　　這些更細的氣機，電流、光流、恍惚，就是氣開始入頭內了，此時也會出現頭內部的通道，氣機會在頭內部鑽出各種通道，鑽到一個程度，鑽通了，頭頂、額頭、後腦勺，就

會開三個竅，頭頂的竅有很多個，全開的話，就成了一個大約二十公分直徑的大竅。

細部的氣機主要是以三焦層次為主，會在軀體的內部有一種氣流的流動感，剛開始是上上下下的，各種方向的，直上直下的，旋轉向上的，脈動的，沿著任督繞行的，都有。

繼續再練，就得靠天分了，接下來氣機就入心，沒有天分的人，沒有悟到無為精神的人，入心就成了大關卡了，所謂練心，指的就是這裡。這個層次主要就是以五臟為主，五臟最後一關就是心。

但是在ＱＱ群裡面，很多人常常叫別人練心，成了一種氾濫的指責他人的用語，我認為這些會講出叫別人練心這種話的人，相當沒有素質。

真正懂得練心的人，不會指著別人，叫別人練心，自己卻盲目得連什麼是練心都一無所知。懂得練心的人，在心竅這關，就可以順利地打開，因為他懂得心無罣礙，放下一切，鬆開心裡的結。而心胸狹隘的人，是不知道如何放開心中的結的，因此長期處在一種心胸繃緊的狀態，連如何鬆心都不知道。鬆心靠的就是自覺，沒有自覺，就別想鬆心，會指責別人練心的人就是不懂得自覺，如果懂得自覺的人，這種話是說不出口的。

所以這裡是一個最大的關卡，能不能進入丹道的領域，就看這一個大關卡了。這個關卡一旦過了，修練就進入一個新的領域，再也不會是丹道的門外漢了。進入這個層次，就已經到了不以身體氣感為主的層次了。

因此執著肉體氣感的人，沒辦法練出這個層次，自然也沒辦法進入丹道真正的層次，最多只能用搬運法搬動氣感，或者用旋轉打開頭頂，都是在氣感的世界打轉，進入不了三昧入定態。心竅打開之後，就會產生真正的小周天，也就是氣入骨髓的小周天，氣入骨髓的小周天走完之後，就會進入大周天。

大周天走的就是中脈的空性，虛空當中凝結金丹，由下丹田發起拙火，經由中脈往上丹田，打開虛空境、霜飛、曼陀羅、圓月、金丹、陽神。陽神又是一段漫長的歷程，依據《楞伽經》，真人階段為意生身三階段——法身、報身、化身。這個部分就已經是到了神魂魄意志層次了。

心竅的開啟，就是這裡面的大關卡，我們看一個人練的到底是不是真的，就看他開啟心竅的過程次第，如果沒有開啟心竅的次第，繞完小周天，就自稱出陽神或嬰兒了，很明顯的，這個人是入了欲界幻境了。

第二十八章　識神與元神

　　識神包含眼耳鼻舌身意六識，元神則是本覺，識神就是我們平常生活的感知能力，而元神則必須要修練到入定態，在入定態的情況下，識神隱，元神才能顯。而識神隱不是一種識神消失的狀態，而是識神暫時隱藏，沒有發揮作用的狀態。其實我們每天睡眠就是一種識神隱的狀態，可是為什麼每天睡覺卻不會產生入定態？因為識神隱之後，還有五臟的陰氣覆蓋於元神之上，因此，仍舊處於昏沉的狀態。所以我們修練，第一部，就是練出陽氣，這個陽氣可以進入五臟，化解五臟的陰氣，然後元神才能夠顯露出來。因此修練者練到一個程度，睡眠的狀態，也是一種入定態，好像睡著了，其實裡面有個覺，整晚都是醒著的，這才是真正的入定態。有些人整個晚上不睡覺，練不倒單，完全是誤解了這個意思。真正化解五臟陰氣的修行者，即使睡眠，裡面也是醒著的，這種狀態，不是一般人能夠體會的，除非真的下功夫去實修，而且走在正路之上。

　　元神是一種深度的覺，化解五臟陰氣之後，能夠感知的識神也隱了，還能有覺，這個覺，就是元神。因此識神隱元神顯的狀態是沒有聽覺，味覺，視覺，嗅覺，體感，意識的。只有一個單純的醒著的覺照存在，純然的覺，先天的覺。

第二十九章　性命雙修

　　性命雙修，命功就是以身體為基礎，性功就是回頭的功夫。具體實踐，就是以身體為起點，開始做回頭的功夫，從動功練起，從最粗淺的動作，開始發動氣機，啟動雙腳，產生螺旋氣，打通左右脈。大動過後，搭配著回頭的功夫，氣機慢慢轉變，慢慢變細。從大動作，變成小動作，變成沒動作，只剩下呼吸，氣感，光感，一步步向內變細。光感之後，還是繼續搭配回頭功夫，不在任何一個地方做執著與停留，繼續進入欲界定，色界定。欲界定恍惚，容易出現幻境或太陽光。色界初禪，以氣感光感為主的各種覺受，能讓人置心一處。色界二禪，在初禪各種氣感光感都走遍之後，繼續回頭，不停留，就開始自動產生氣入心的鬆心現象。色界三禪，持續回頭，鬆心，更穩固，六識逐漸退去，深度覺逐漸升起。色界四禪，回頭達到極限，心無罣礙，穩固不掉入欲界或初禪或滅盡定，六識退去，深度覺依舊存在，陽生二期開始出現，逐漸進入法界邊緣。無色界，純陽之體，進入真正法界虛空，開始凝聚真人，不可思議，非親身經歷者，難以言喻。這一路上的回頭，方向，就是性功。一路上色身的轉變，色受想行識，逐漸化陰，就是命功。性功是方向，命功是轉變過程。這是一個向量，有方向，大小，性功是一種回頭的能力，能夠應無所住而生其心，命功是一個逐步讓六識寂滅的過程。所以身體越好，命功就越強，向內寂滅的過程就越快，性功是一種內觀的能力，能夠看見內在種種的

升起與降落，而不受惑，不執著，不沉迷。能夠見諸法空性，諸法就是各種現象，空性就是不住於特定現象，升起與消失。有正確的方向——性功，加上實踐的能力——命功，才能造就實證的功夫。有某些行者，執著於大周天小周天的氣感繞行方向，並且強行運用意識的守竅，讓自己的意識強化於身體的特定位置，產生各種氣流感，並且將這樣的行為，稱之為修行。有某些行者，執著於念頭的造作，緊緊地看著念頭，直到沒有念頭為止，並且以沒有念頭為入定，並且將這樣的行為，稱之為修行。有某些行者執著於造神運動，認為有所謂的神可供自己祈求，因此不斷地重複誦念特定文字，認為那些文字可以讓自己死後到達特定的地方，並且將這樣的行為，稱之為修行。在這個時代，我們常常可以看到這三種族群的人，甚至這三種族群成為所謂的「實修」主流。不管是佛陀時代，或者是紫陽真人張伯端的時代，都能看見各種自認為找到實修大道之人，我們也從經典看到，成就者對這類人的批評，是為了不希望學習者走上歧路。各種歧路，對於初學者是非常難以辨認的。只有真正跨越識境，進入空定之人，見證真正虛空，凝聚真人之人，才有辦法分別其中細微之處。希望各位行者能夠性命雙修，不偏廢任何一方，既有內觀回頭能力，也有堅持實修的能力，日日習練，當下的每一刻，都是從零練起，只在乎方向，不在乎程度。無為演化的歷程，就會在您的眼前展開，讓您親證這世間最大的奧秘，跨越生死的奧秘。

第三十章　明心見性

　　常聽到很多人講明心見性，認為明心見性是一種觀念上的開悟，覺性上的了悟，認為只要懂了空的意義，看所有事物皆是空，就是明心見性了。不過無為法不贊成此種明心見性的定義，在無為法裡面，明心見性是一種狀態，這種狀態是到了某一個程度的功態才能產生的狀態。什麼狀態呢？就是能夠入得了虛空態，才是明心見性。在沒有入虛空態之前，心竅裡仍有陰氣，只能停留在入定態化解。只有把心竅陰氣化解乾淨到一個程度，越過了臨界點，進入虛空態，產生大藥，拙火，開始凝聚金丹真人，這才是明心見性的開始。

　　搬運法裡面將氣感後面的光感，就定義為性光，認為這就是明心見性，這也是無為法所不認同的。光分成兩種，一種為鉛，一種為金。鉛屬於氣功態，金屬於虛空態，兩者性質不同。金才是性光，鉛則屬於命功狀態下的光，並不是見光就是性光。無為法所定義的明心見性，不是觀念上的開悟，也不是氣功態的見光，而是歷經氣功態，入定態，到達虛空態之後，心竅陰氣化解清澈之後，見到虛空態的金光，才是明心見性。而虛空態金光的金，並非金色的金，而是與鉛對應的金。

第三十一章　玄關竅

玄關竅就是見光之處，光的產生有兩種情況，一種是氣功態底下產生的鉛，例如烏肝、黍米，一種是虛空態下產生的金，例如曼陀羅、真人。玄關依照清濁，可以分成三個階段，第一個階段是氣功態底下的玄關，這個階段可以出現鉛光，第二階段屬於入定態底下的玄關，剛開始開心竅的時候會出現兔髓，這是一種白色圓形的光，到了後期，光會不見，剩下一個空間。第三階段屬於虛空態底下的玄關，能看到金光。

有些門派會說玄關就是身體的某個位置，但是更多的說法是說玄關不在身外也不在身內，這裡我們很明確的定義，玄關就是透過第三眼所能接收到光的一個的空間。

第三十二章　中脈

　　中脈是身體正中央的一條氣脈，這條氣脈包含左右中脈，左脈右脈是以旋轉的方式構成，左脈左旋，右脈右旋，在練自發功的初期旋轉就是左右脈的作用，而打坐時候體內氣感成螺旋狀旋轉，也是左右脈的作用，有些人會以為這是中脈，其實只要牽涉到氣感，都是左右脈的作用，氣感是比較粗的，比光感粗的。

　　中脈是以光感為主，真正的拙火上升開啟中脈，這時候的狀態是什麼？就是以金光（不是金色的光，而是和鉛相對的金）為主的虛空態的光。因此中脈開啟代表進入虛空態，產生的內景，不是烏肝類型的極光，也不是兔髓類型的白光，而是金光類型的曼陀羅、圓月、真人。

第三十三章　鉛

　　鉛在丹道裡面不是指礦物的鉛，而是氣功態底下的氣感或光感。光有兩種，一種是氣功態底下出現的，一種是虛空態底下出現的，鉛特別指的是氣功態底下出現的。所以有句話叫做練礦成金，意思就是把鉛光練成金光，但是現在很多人見到光就以為是性光，就以為是明心見性了，這是很有問題的，真正的明心見性的性光並非是氣功態的鉛光，而是虛空態的金光。

第三十四章　汞

　　汞指的是氣功態底下的注意力，像汞一樣游離不定，很容易產生雜念，無法收攝專心。剛練的人很容易不專心，所以注意力要用強大的氣來收住，這樣的情況稱為以鉛制汞。足夠強大的氣能夠收攝注意力，產生置心一處的效果，這個狀態在佛家來講，就已經是初禪的狀態了。

　　無為丹道以強力自發功作為入門，剛開始的時候，氣感非常強烈，就已經避開了不專心的問題，一路從大動，小動，練到外不動內動，內動一路從熱感，電感，演化到光感，都是非常扎實的氣感，在這樣強大的氣感底下，汞的游離問題，就變得不是那麼明顯了。

第三十五章　練精化氣

　　練精化氣，無為丹道一開始以自發功作為入門，一開始會產生大動作，這些大動作慢慢會演化成小動作，小動作慢慢會演化成內動，內動慢慢會演化出熱感，電流感，光流內景等等，這樣一個過程就是練精化氣，就是從沒有精細的內動氣，經由自發功這個入門功，練出能夠有精細的內動氣。

　　並且在這樣的過程當中，體會出無為丹道的演化精神，從大動，小動，到內動，都是很明確，可以用日記明確形容出來的，用這些比較明確的現象，來體驗演化的精神，是無為丹道入門的一個很重要的部分。

　　如果沒辦法在初期用這些很明確的現象，體會出演化的精神，到後面入定態，那就更搞不清楚怎麼回事了。所以無為丹道和其他門派一個很大的不同，就是不從呼吸打坐入手，而是從自發功來入手，為的就是求取明確的演化歷程。

　　而且從呼吸入手有一個很大的問題，就是氣弱的問題，氣弱會導致雜念多，雜念一多，就很難練了。除了氣弱導致雜念多這個問題以外，雙腳氣機不通也是以打坐為入手的大問題，雙腳發麻疼痛，也通常是打坐一族的大問題，因此直接從打坐下手，第一：雜念多，難以集中，第二：雙腳麻脹痛，難以專心。

　　而無為丹道以自發功入手，氣強，因此不會有雜念多的問題，不從打坐入手，而以發動雙腳入手，因此從大動練到小動，從外動練到內動之時，雙腳的氣機就已經被自然而然

地打通了，腳的問題也不構成障礙了。無為丹道在練精化氣的階段，從沒有氣感，練到有氣感，而以有光感作為此階段的最終目標。

第三十六章　練氣化神

練精化氣是從沒有精細氣感，練到有精細氣感，而練氣化神，則是從精細氣感，練到開始進入化解識神，培養元神。因此，練氣化神的開始就是從氣感光感開始。

到了練氣化神階段的人，很容易提起氣感，但是已經不像練精化氣階段的人那麼容易產生大動小動了，甚至不太會動了。如果練到這裡，就不能再執著練精化氣階段的大動小動，而是要把注意力開始轉移到氣感光感了。

這個階段的特性，就是很容易提起氣感光感，但是很少人能夠進入化神的階段，正如有些人很容易執著在練精化氣的動作階段，同樣也是有一批人，而且為數不少，也同樣執著在氣感光感的狀態。

無為丹道要練的，就是演化，一路從精氣神一直演化到虛空。這個階段從練氣開始，要進入練神的一個重點，就是要懂陰陽的變化，懂得陽極生陰，陰極生陽，懂得讓識神適時的隱退，而不要妄想用各種秘法撐著，讓識神過度控制氣機的變化。這個點如果能夠悟透，每次練功都能夠陰陽充分練透，久而久之，陰陽反覆，就能夠進入識神隱，元神顯的狀態。

剛開始的識神隱，肯定昏沉，但是隨著陰陽不斷的反覆之後，陰氣越來越少，識神雖然隱了，但是裡面卻醒了，就會形成一種特殊現象，就是身體明明已經入睡了，裡面自覺卻是醒著的，而這個醒，卻和日常生活中的醒，完全不一

樣，是一種非常特殊狀態的醒。這種特殊狀態的醒，是沒有雜念的，也不需要很用力的置心一處，就能夠很輕鬆的達到毫無雜念的狀態，這種特殊的醒覺狀態，是非常舒服的，沒有一絲勉強，不需要守住什麼呼吸，氣感，或是任何丹田位置。能夠練到這裡，就是已經達到了色界定的狀態了。所以練氣化神，就是由精細氣感開始，而以入定態作為結束。

第三十七章　練神還虛

　　練神還虛是以入定態作為開始，以虛空態作為結束。開始進入練神還虛階段的人，每次練功，就很容易入定，氣感對於這個階段的人而言，幾乎是幾分鐘之內就會走完的事情，甚至快的話，幾秒鐘就能入定也是可能的。

　　入定之後，就會出定，出定的狀態，決定了陰極生陽，第二個陽的層次。陽極生陰，陰極生陽，第二個陽，就是陰極生陽的陽，如果陰氣化解順利，前面說過會產生三種陽生狀態。第一種陽生還不到虛空態，第二種陽生會產生短暫幾秒鐘的虛空態，而第三種陽生則是真正進入穩定的虛空態。第三種陽生，也就是丹道真正的奧妙所在，在這裡，真人就會開始凝結演化。這也是所有丹道修練者夢寐以求的所在。

　　可是要練到這裡，必須經歷一連串的演化，一步一腳印，慢慢地爬上去，這不是什麼秘法可以達到的，都是要有堅韌不移，肯花下大把時間心血造就出來的。身體越差的人，要演化到最後，要付出的代價更高。但是只要方向對，身體差，不是問題。反而是心態偏差，整個方向錯誤，才是造成無法練成的真正原因。

第三十八章　爐鼎

爐就是爐火，就是能量來源，鼎就是能量要作用的目標。剛開始練的時候，是練精化氣，這個時候是還談不上爐鼎的，頂多只能說生火。

有了氣之後，就開始進入練氣化神，到了這個階段，才有所謂的爐鼎。這時候氣就是爐，神就是鼎。練氣就是為了要把心藏神裡面的元神給練出來。這個階段也就是從氣功態轉化到入定態的過程。

再進一步，練神還虛，練神就是爐，還虛就是鼎。練神就是為了要把虛空態練出來，在入定態階段的神是含有大量的陰氣的，所以這時候的元神，不是那麼的清楚，到了虛空態，陰氣被消融得幾乎沒有了，所以這時候的元神就非常的清楚。所以練神還虛這個階段，就是第二個階段的爐鼎。

從第一個階段的爐鼎，進化到第二個階段的爐鼎，就是移爐換鼎。第一個階段的爐鼎，練氣化神，每次練功就在氣功態和入定態之間往返，氣功態為陽，入定態為陰。當練功進化到第二階段的爐鼎，移爐換鼎了之後，每次練功，就是練神還虛，就在入定態和虛空態之間往返，入定態為陰，虛空態為第二階段的陽。當然也有從氣功態，一路練到入定態，又接著練到虛空態的情況，這種情況通常會產生二階段陽生，也就是在出定的霎那，產生幾秒鐘短暫的二階段陽生，這是一個極短暫的虛空態。而第二階段的爐鼎，很少人練到，剛開始的練神還虛，這個入定態時間是比較長的，隨

著陰氣越來越少，入定態時間就會越來越短，就能過渡到虛空態。二階段的爐鼎，也會有一個現象，就是活午時的現象，經常會時間一到，就必須要入定了，而且很快就入定了。

　　丹道當中，有很多不同的名詞，講述一樣的程序，只是用不同的角度去看，只要整個過程都練到的人，就能夠很清楚的理解：不管是什麼名詞，都是講一樣的程序現象的。

第三十九章　烏肝

烏為黑，肝屬木，色青，烏肝在實修上所見之內景為黑青色，較常見黑色為背景，青色為中央標準色，青色包含綠色與藍色。實際上，烏肝的狀態所指的並非只有綠色與藍色，還包含各種顏色，廣義而言，各種可見光的顏色，都屬於烏肝。

氣強的人，烏肝所展現的可能是金黃色，而且可能金黃色填滿整個玄關，看起來像一個金黃色的大圓，但是這種情況人的光，並非是金丹，請各位實修者務必注意。氣弱的人，烏肝所展現的，很像旋轉太極圖，其質感幾乎與北極光一模一樣，一種如薄霧般的的旋轉光。

有些人練到某個程度，打開雙眼甚至可以看見烏肝包圍整個人，如同蛋形氣場一般，而現在有許多氣場照機器，也能拍出人體的氣場，如同蛋形一般包圍著人體。

烏肝是大部分的人，一開始看見的光的型態，最早出現的就是烏肝。慢慢的再演化成兔髓黍米。烏肝出現的時機，主要是在氣功態。但是有些說法認為只要見光就是「性光」，然而就性命雙修而言，氣功態還屬於命功狀態，還不到性功狀態，因此將烏肝稱之為「性光」，並認為看見此性光就「明心見性」，實屬錯置階段，此階段應屬於命功階段，頂多也只能稱為「命光」。

第四十章　兔髓

　　兔色白、髓即骨髓，劉一明《無根樹解》:「兔髓即月華也」，在內景上來講，就是像圓月，但是並非如同《悟真篇》所講的「十月胎圓入聖基」之圓月。圓月有兩種，一種就是兔髓，一種就是「十月胎圓」的圓月，此兩種光華程度不同，十月胎圓自然是光明得多。而某些人兔髓並不常出現，某些人則兔髓會持續出現，不管兔髓是否經常出現，兔髓和十月胎圓一個關鍵性的不同是：十月胎圓之後，就「三家相見結嬰兒」。

第四十一章　黍米

　　黍米屬於氣功態現象，在內景上來說，就像是一顆星星，有的人的氣比較強，這顆星星會比較亮。因此很多人會將黍米錯認為金丹，特徵上就是黍米有時候睜眼也可以看見，跟烏肝一樣，都是屬於識神存在的狀態，因此當眼識作用之時，也能夠看見。

　　《悟真篇》講：「一粒復一粒，由微而至著」講的就是黍米，黍米的就是氣功態底下的內景，因此隨著身體的強弱而有光的強弱的區分。

第四十二章　金丹

　　很少人能夠練出真正的金丹，因為大部分的人執著在氣功態，只能看見黍米，故錯誤地將黍米認為是金丹。金丹和黍米一個很大的差別，金丹屬於入定態的出定現象，屬於陰極生陽的現象，這和黍米純粹是氣功態的現象非常不同。因此，一個修行者能否正確地理解陰陽，決定了他是否能夠正確的判斷金丹與黍米的區別。

　　金丹在每個階段的內景都不相同，隨著每個人的身心狀態，出現的也不相同。雖然各不相同，但是還是有大趨勢可以分辨，例如剛開始出現的金丹，是以曼陀羅的型態出現。曼陀羅成熟了之後，就成了圓月，圓月成熟之後，就成了人形光影，人形光影成熟之後，就成了面目清晰的胎仙真人，胎仙真人成熟了之後，就成了報身真人，繼續演化下去。而開始進入真人階段的過程，有時候就以金丹的型態出現，有時候就以真人的型態出現，其實都是同一個。

　　因此，剛開始的曼陀羅型態，就是一個非常好的判斷點，可以知道自己是否開始進入金丹演化階段。

第四十三章　大小還丹

　　小還丹就是黍米，大還丹就是金丹。小還丹黍米只會在氣功態出現，而且氣越強，黍米就越亮。

　　大還丹金丹只會在虛空態出現，特徵是演化，而且這個演化是不會隨著時間而有所中斷的。例如練到圓月，下一步就是真人顯影，即使從圓月到真人顯影之間，隔了很多年，依然可以接著演化下去，不需要回頭從飛雪、曼陀羅、圓月重新演化，所以這個狀態是不會退轉的。所謂的不會退轉，指的是虛空態演化的延續性是不會退轉的。不管下次的虛空態，和上次的虛空態之間，相隔了多少年，演化都會接著下去，不會重頭再來。

　　很多人沒有練到金丹階段，就把黍米當成金丹，因此誤以為金丹就是聚氣而成，認為氣聚集得越強越好。

第四十四章　斬赤龍降白虎

　　斬赤龍是女性獨有的特徵，當女性練成純陽之體，經血全部化為氣，就不再有經血，但是還是會有經水，因此就成了透明的經血。當男性練成純陽之體，白精全部化為氣，就不再有白色的精液，只剩下透明的精水，這一點男性和女性是相同的。

第四十五章　曼陀羅

　　金丹剛出現的時候，主要以曼陀羅的型態出現。曼陀羅共有三種類型：形、字、印。形：指的是形狀，有各種形狀，常見的有長方形、圓形、五角星、六角星等各種幾何圖形，有鏤空的，也有實心的。字：看起來像文字，卻不是文字。印：看起來像印章，通常是圓形的，裡面有複雜的紋路、文字等等。出現的時機，主要是出定的霎那，也就是陰極生陽的霎那，後天尚未出現的瞬間，所以這個狀態出現的曼陀羅，持續的時間都不長，大多幾秒鐘，到一兩分鐘之間。

第四十六章　三花聚頂

　　三花聚頂其實是曼陀羅出現的過程。人體的主要能量中心：下丹田、中丹田、上丹田，在曼陀羅出現的過程中，也會有不同的顏色。以下丹田能量為主的曼陀羅為紅色，橘色，或黃色等暖色系，以中丹田為主的曼陀羅為綠色，以上丹田為主的曼陀羅為藍色。所謂的三花，就是曼陀羅到了成熟期，主要以圓形為主，有的人有紋路，有的人沒有紋路，依次由下丹田往上出現三種成熟圓形曼陀羅，紅綠藍三色，因此稱為三花，這股拙火能量繼續往上，形成圓月，就是三花聚頂。

第四十七章　霜飛圓月

　　快要到三花聚頂的那陣子，經常會出現霜飛的現象，像是一堆霜雪往自己快速飛來，又像是煙火爆開。

　　三花聚頂之後出現的圓月，和兔髓的圓月差異很大，兔髓的圓月沒有三花聚頂的圓月那麼明亮清晰，意識狀態也大不相同，三花聚頂是入定態，兔髓則是氣功態。

　　圓月出現之後，很快就會開始真人演化，這跟兔髓很不相同，兔髓看似圓月，卻是在練功的早期出現，而且不會出現真人，出現兔髓之前也沒有曼陀羅三花霜飛等現象。

　　兔髓是在氣功態，自我意識是清醒的，而圓月則是出現在純陽之體的入定態，雖然也是醒著，卻是識神隱元神顯的醒，醒著的是元神，而不像兔髓是識神。因此老師的作用就在這裡，一個過來人，能夠幫助學生區分識神元神的差別，當然也有很多人搞不清楚這個部分就在開班授徒，這也不是作者一人能夠說什麼的，或者能夠影響什麼的。

第四十八章　胎仙意生身

　　胎仙是《黃庭經》的用詞，意生身是《楞伽經》的用詞，擺在一起，表示這兩個用詞雖然來源不同，名詞不同，但是講的是同一個現象，都是真人階段的演化。圓月之後，出現的真人，只有一個人影，氣光身，通常看到的是坐姿。意生身在楞伽經裡面，分成三個階段，依照談錫永《入楞伽經》版本的翻譯，第一階段為入三摩地樂意生身，第二階段為覺法自性意生身，第三階段為無作意成就種類俱生意生身。作者認為第一階段應該就是曼陀羅到圓月階段，尚未成形的階段，第二階段應該就是氣光身到面目清晰如真人的階段，第三階段就是安定階段。

　　第二階段，除了面目清晰如真人這個特徵之外，還有一個特徵，就是此真人會動，有各種姿勢，有時如同天女散花姿勢，有時出憤怒相如同兇惡的明王姿勢。除了姿勢不同，人物不同，移動狀態也很有特色，此部分因為樣本數不多，不加以描述細節。

　　第三階段和第二階段不同，不再移動，也不再出現各種姿態，憤怒相，而是非常安定的坐姿，到了這個階段，就已經完成意生身的演化，也就是法身的演化，準備進入下一階段——報身的演化。

第四十九章　佛三身

　　當進入報身的演化，會產生驚人的特徵，就是如同《大日經》所講的，出現許多第三階段的法身意生身。剛開始可能只有一個兩個，到後來滿山滿海，密密麻麻的一大堆，非常驚人，甚至有人出現多頭，多手，不管如何的多，中間那個始終是最初的來源。因此，中間那個法身稱為「真種子」，表示一切報身都是由中間那個法身為種子來源的。

第五十章　脫胎

　　化身，目前尚未有真實樣本，故只能依照經典推估，目前推估應為非入定態的法身演化，而且可隨心意有各種變化。而作者目前推估化身最大的特徵，應為脫胎現象，也就是在玄關一竅的法身與報身，開始脫離玄關一竅，開始出現在修練者的眼前，成為一個真人，此真人可以隨著修練者的心意，而產生變化。能練到這裡，已經是非常稀有，應可以達到解脫生死的目的了。作者把所有的過程，全部毫不隱藏的說出，目的就是希望真心修練的人，能夠有一個明確的指標，從練法到過程，都能清清楚楚，達到解脫的目標。

下卷

第一章　什麼是無為法

　　無為即不刻意做作，讓萬物自然生長，無所不為。

　　我們練動功，通經脈，用的就是無為。無為就是不設限，不預設立場。不預設立場，認為我此刻的氣該怎麼走。搬運法認為氣應該從後面上來，從前面下去，然後他收了你幾個錢，就教你用意念從後面上來，從前面下去。我跟你說，你要是真這樣練了，練上一輩子你也練不出東西來。

　　我們每個人的體質都不一樣，你讓氣自己去走，氣自己會走最漂亮的路線出來。你不要去干涉氣的路線，不要想說從後面上來，前面下去，都不用，你就讓他自己走，氣自然就會幫你把該通的經脈都打通了。你要做的就是提醒自己，不要去干涉氣，讓氣走自己的路。自發功就是這樣的練法。

　　林孝宗教授的《自發功》一書，在動功方面講得非常清楚，可是沒講清楚內動氣，也沒講清楚入定，只給了一個大方向。我練了動功之後，發現後面還有，有內動氣，有入定態，然後還有虛空境。所以我們練的無為法，除了自發動之外，還有自發內動，自發入定，自發虛空。所以我們就不用自發功這個名詞了，乾脆用無為法這個名詞，因為用無為法更能貼近心法。

　　我們練這個，鬆心最重要，鬆心怎麼鬆，大家都知道。萬緣放下，心無罣礙，放不下就沒辦法練了。所以鬆不開的時候，要自我提醒，自己給自己心理建設，並且讓情緒流過，不壓抑，不放縱，耐心等待，觀其生滅，所有一切練法

無
為
丹
道

都是如此，佛陀講的，老子講的，都差不多。那些被扭曲的怪力亂神不說，我們直接看《道德經》、《阿含經》，會看到高度的共同性——就是無為法！

　　你要練無為法，你一定要解放你的身體，不要想說一定非要甚麼姿勢不可，你不解放你的身體，很多東西你是練不出來的。身體是練功的第一層，你要練無為法，就要丟掉有為法的思維，你丟不掉，練出來的就不是無為法，而是半吊子。無為法就是你後天的部分越少，功效就越強，所以你在家裡練，家裡的東西都是後天製造的，氣就差了，你到戶外練，都是自然的樹木，氣就強了。

第二章　無為法的特徵

　　無為法有一個很大的特徵，就是接受，接受當下的一切的善與惡。無論自己現在狀態怎樣，都能夠完全的接受，這就是掌握無為法心態的一個重要特徵。沒有掌握這個特徵的人，他會去隱藏自己不好的，追求好的，這樣就產生了分裂，無法接受當下。這個能夠接受當下的特徵，就是《金剛經》的應無所住而生其心，這是非常重要的原則，幾乎貫穿整個無為法的修練歷程。

第三章　有為法與無為法的差別

　　無為法剛練的時候，和傳統丹道差別很大，但是越練到後面就越接得上。而傳統丹道，剛開始練的時候，和丹經講的都很像，但是越練到後面，就越接不上。主要的原因，就是傳統丹道以下丹田為主，意守下丹田，僅能練出黍米光和各種不同的鉛氣光，即使鉛氣光再如何不同，都還是鉛氣光，結不了胎。

　　而無為法，順其自然，從外層氣發動練起，隨著功力的增加，慢慢由外層往內層練進去。用有為法練，會卡死在一個功境當中出不來。用無為法練，所有的功境，都是現象，都一直在演化。只是有的功境會出現的頻率比較高，有的功境出現的頻率比較低。不同的階段，會有不同的功境密集出現。

　　無為法，不管練到什麼程度，每個當下，都是從零練起。當想法和功態產生距離，也就是對功態有了預期心理，就已經脫離無為法了。無為法在當下覺照，必須承認當下的一切，認出當下的功態，不以預期中的功態為主，而以當下所顯現的功態為主。你現在是什麼，你就是什麼。你是個旋轉，你就是旋轉，不要想把自己變成手印。你是個欲界幻境，就是欲界幻境，不要想把自己擠成虛空。氣的流動，就讓它流動，這是內氣階段。

　　無為法就是承認當下，覺照當下，任其生滅，這是有為法和無為法最大的差別。有為法有心理預期，忽略當下的功

態，以達成心中預期的功態為主，故難以產生演化，無法練出真東西。

　　無為法不是短期就能全懂的，因為路沒真正走過，就沒辦法真正清楚。方向雖有，但是過程得腳踏實地，慢慢實踐出來，需要時間。時間才能產生演化，真正走過，才能真懂。

　　有為法是把過程拿來重複的練。無為法是抓穩方向往前走。所以無為法才能真正達到目標，無為法最重要的就是方向。沒有所謂的祕法，只有過渡性的有為法，真正的法是沒有祕法的，都是明明白白寫在經典上，只是程度太差的人看不懂。只有明白的心，才能看得懂。

第四章　什麼是自發功

　　自發功是無為丹道的入門功法。自發功顧名思義，就是自發的氣功，自己發動的。所以和其他氣功不同的是，自發功不應該是模仿的，沒有固定的招式，所以不宜以模仿學習的方式練，而是自悟自練。輔導師兄姐們所提供的建議大多是如何解除練功過程中造成障礙的原因，只要把障礙消除，就能順利發動。

　　這樣的一種練功方式，是和其他氣功有著截然不同的方向，這也就是為什麼要將自發功當作是無為丹道的入門功法，因為自發功本身就是一種無為法。但是很多人練自發功依舊練成誘發功，並且產生了卡關現象，這是因為自發功雖然是自發的，但是完全取決於心態，只要心態有所干預，自發就成了誘發，因此就無法順利產生演化。

　　雖名為自發功，但是要做到完全的自發，沒有內在的修為和如明鏡般的覺照，是沒辦法做到全自發的。這個內在的心法，就是無為丹道。

第五章　無為丹道的次第現象

　　無為丹道的次第現象：自發外動，自發內動，自發入定，自發虛空。自發虛空就是丹道所謂的陽生第二階段以後，陽生分成三階段，第一階段：陽極生陰，陰極生陽之後，產生氣動，或者鉛氣的光感，都算是第一階段陽生。第二階段陽生，開始產生曼陀羅複雜幾何，第三階段色身成為純陽之體，開始進入真正的虛空玄關竅，霜飛、圓月、氣光身、然後就開始進入佛三身法報化的歷程，能練到這裡的人，少之又少。而佛三身法報化就是《黃庭經》當中所提到的胎仙，也就是結胎，有結胎就有脫胎出殼，這個胎或殼就是虛空玄關竅，脫胎之後，就更少人練到了。

無為丹道

第六章　從站姿開始

　　初學者最好站著開始，因為經絡不通，還是要動一下。如果對一個經脈很通的人而言，心念一收，回光，任何姿勢都能開始。我有時候心念一收，氣機就動了，有一次氣機動的比較晃，我還以為地震了。

　　地方太小的話，是動不太起來的，牆壁和傢俱會把你擋住。我剛練的時候，就是被牆壁擋住了，那個時候啥都不懂，意志不堅，所以有一陣子中斷沒繼續練，這樣就浪費了三年的時間了。

　　自發功如果沒有林教授的書，練起來是很嚇人的。林教授的書，給了練功人很大的安心，知道是怎麼一回事，就不怕了，因此我們用林孝宗教授的自發功系列書籍作為入門功法。

　　剛開始站著練，就依照林教授書裡講的，鬆靜自然即可，不要干涉，不要壓抑，不要放縱，這要靠自覺才能做到。自覺不是強迫自己清醒，而是對自己的心念，了了分明，有沒有干涉，有沒有期待，清清楚楚，了然於心。

第七章　如何站才好

如何站？這個想法就會造成你練不成了。你的腦袋裡面應該是：觀察自己，到底有甚麼思想和念頭在干涉自己的功態。看見這個干涉，然後放下這個干涉，這樣才有辦法練出真正的丹經和佛經講的現象。

只要想說怎麼練才對，這樣就練不出演化了，現代丹法和丹經佛經最大的差別就在這裡。現代丹法和氣功都是教人怎麼練，而丹經佛經都是教人怎麼放下，怎麼道法自然，無為演化。

站姿只是剛開始，但是你要去觀察身體的任何一個訊息，讓這個訊息擴散開來，你不要去壓抑這個訊息或功態。你只要鬆靜自然站著，注意力收回到自己的身上，一定會有功能開始出現。

剛開始非常的細微，只要你注意它，它就會開始因為你的注意而加強、放大，然後就會越來越強，自然演化就開始了。這是無為丹道為什麼練出來就是丹經佛經的內容，因為根本法就是和現代丹法現代氣功，完全不同。

我們練的無為丹道，在過程中會有一小段，類似站樁和類似意守的現象出現，當然還有其他難以計數的功態，站樁和意守只是其中一小部分，但是現代丹法卻只練這個一小部分，所以才會很難成功。

從《參同契》《悟真篇》傳承下來的丹道，或是佛陀傳承下來的原始佛教，都有著非常令人難以置信的功態內景。

無為丹道

這些功態內景並非是祖師爺和佛陀暗藏著甚麼祕法沒講，大家都誤會他們了。其實那些高難度的功態內景，都是從最基礎最簡單的功態內景，一日一日慢慢累積變化而來的。我們要做的，就是讓這個自然演化的機制產生，不要去擋，不要去干涉。

所以練功的時候，腦袋不能想說我要怎麼練，而是觀察我當下的甚麼思想影響了我的功態。是否執著了站樁打坐的姿勢？是否執著了某個特定的動作？一旦發現這個執著，立刻放下，這樣自然演化的機制，才有辦法啟動。所以練功的時候的心理機制，是在覺照，覺察，發現自己是否有任何細微的干預念頭。

講到這裡，是不是發現我們的練法又和南傳佛教很像了？《悟真篇》的紫陽真人張伯端，他是有看佛經的，不是只看丹經的。為什麼現代丹法的人練出來的功態內景都和《悟真篇》的紫陽真人不同？各位有沒有仔細想過？到底是現代丹法是對的？還是《參同契》《悟真篇》佛陀是對的？

我必須說，我很明確的選邊站，我完全放棄現代丹法那套干預的機制，而採用道家的道法自然，佛家的應無所住而生其心。我相信《道德經》，相信《參同契》、《悟真篇》，相信佛陀，《阿含經》，相信《大般若經》，相信《心經》，《圓覺經》等等。

各位如果是確定要跟著我練，你原來的練法，如果是現代丹法的思維，你只能自己私下練，這個我不管。但是你跟我學的，就絕對不會是那套現代丹法。

現代丹法就是站樁或者打坐，意守下丹田，有的會意守中丹田，有的意守上丹田。但是我必須很老實的說，丹田必須是開了玄關才會有，沒有開玄關，就沒有丹田，只有身體的下腹部、胸腔、頭部。很多人使用意守下丹田這樣的字眼，但是事實上，他並沒有下丹田產生，只有下腹部而已。下丹田，中丹田，上丹田，都是因為開了玄關才有的。

至於甚麼是玄關，請各位通過考驗，並且順利啟動自發功，然後申請進入班，我才會慢慢告訴你。各位要放下現代丹法的慣性思維，才有辦法真正啟動自發功，這樣才能啟動練精化氣的演化機制，從練精演化成練氣。

第八章　覺照

　　重點不是站多久，或者動了多久，而是你的覺照有沒有產生。只有在覺照下的自發功才是丹道修練，這是區分無為自發功與其他自發功的重要界碑。

　　無為丹道以無為自發功為初始入門功夫，但與外界自發功的重要不同之處就在於——有沒有覺照。對身體的覺照，能引發更細緻的氣，更細緻的動作，這樣才能產生演化，打開玄關，進入真正的丹道修練。

　　同時覺也是有層次的，這需要我們對於覺知堅持不懈的修練。剛開始練的時候，雜念多，氣機弱，這時候要把覺放在身體——氣機的發起點。等到氣機強了，雜念少了，就可以覺心念的驅動，不要讓自己陷於一種誘發功的狀態，不斷的去用意念驅動氣機的發動。所以這時候，不干涉，不放縱，不壓抑，就變得很重要。

　　沒有覺照的練法，很容易引發幻境，特別是宗教信念強烈的人，練到某個程度，特別是開心竅這個地方，幻境就會變得非常真實。這是一個大陷阱，因此有沒有覺照，跟練出來是真景，還是幻境，有絕對的關係。

第九章　打通經脈

　　剛開始練，要把經脈打通，身體搞好，要排除濁氣。看你哪邊堵，他就通哪邊，每個人堵的地方不一樣。每次練功，會通的地方，也不一定，身體會自動處理的。看你的身體會如何去打通，身體的氣會自動判斷，不要你傷腦筋，你只要放鬆就好。動功階段一開始會先打通腳的經脈，然後開始手的經脈，打通手經脈的時候，會產生複合氣路，經常會手腳一起，然後再往上到頭，會產生昏沉恍惚。這時候氣開始往裡面走，會感覺累累的，千萬不要抗拒，強迫自己動，這樣氣才能由外動，慢慢轉變成內動。

第十章　疲累感

如果有疲累感，站一會就會自己蹲下。這時候，你一走開，氣就斷了。你可能會不想呆呆在那邊，但是這是關鍵，就是要在原地。如果要進步，動功轉靜功，氣不能斷，這樣進步才能快。如果你將練功分成兩段，離開原來的位置，進步就慢了。你想要快，就不能分成兩段，一氣呵成是最快的。

累是氣入五臟，要順著那個累。不能抗拒那個累，看那個累要帶你做什麼。如果你覺得累還強迫自己繼續動，這樣就是慣性了，應該觀察這個累帶你有其他現象產生，例如你動作變慢，或者想坐下，躺下等等。

第十一章　開竅

　　越到後面，進步越慢，特別是內臟階段。這時候，曬太陽變得特別重要。如果不愛曬，那就是竅還不太開。陽極生陰，陰極生陽，需要的時間很長，五臟溫養需要很多年。沒開竅，就沒辦法感受到太陽直接吸收的效果。開竅會有採氣的動作。開竅通常從手開始，腳的動功過關後，會有手的動作，過關後，會有手印身印，這時候，才開始開竅採氣。

　　你若只有腳的動作，表示動功還沒練透。動功要透，就是陰陽要練透。動功練透，自動轉靜功，再練透，每日重複，這樣才能進步。只練動，只練靜，難以進步，分開練，效果比一起練差。

　　至於只練動功的負面影響，沒有，就是進步慢，甚至進步停滯，無法再有突破。要進步快速，就是動功靜功不要分開，要一口氣練，兩三個小時。這樣練，進步非常快。

　　如果是練動功練到慣性了，就要再更細緻的觀察念頭、情緒、動機。我有陣子練到覺得像慣性，我就會停下來重練，去抓那個不受慣性控制的感覺是什麼。感覺太細了，真的很難說明，只能一直試驗。只要變成慣性，就會脫離演化，就會難以突破。

第十二章　演化

　　分享一個演化的重點。

　　練功，就是鬆靜自然。這個原理大家都知道，但是在鬆靜自然當中，如何演化？

　　一開始練，放鬆，讓功態自然出現。出現第一個功態之後，把注意力停留在那個功態，放鬆。持續的放鬆。不壓抑，不放縱。然後第二個功態會自然產生。作法一樣，在第二個功態當中放鬆。然後第三個功態產生，做法還是一樣，放鬆。

　　功態會一直產生，你要做的，只有鬆靜自然，讓功態一個接著一個產生。過程中，如果被雜念拉走，發現之後，雜念自然會消失，不需要懊悔或者自責，因為懊悔和自責，又是另外一個雜念和幻境。

　　發現雜念之後，雜念自然消失。注意力只要回到當下的功態就可以了，然後繼續鬆靜自然，繼續讓功態演化。有些功態一下子就過去了，有一些功態會持續很久。只要保持開放的心，接受所有功態的產生，並且安穩的停在當下的功態，並等待新的功態產生。練完動功之後，我以前會站著等，等新的東西出現。這時候要更敏感，更放鬆一點，因為氣越來越細了，氣會轉變，不會一直以同樣的型態出現，所以注意力要更細微。

　　你如果能夠抓到這個重點，就能夠穿越層次。功態是有層次之分的，不是漸進式的，是有臨界點的。在相同的層

次，會慢慢轉變，但是不同的層次，有一種量變產生質變的現象。所以注意力、意識狀態，如果一直習慣原來的功態，就會沒辦法穿越層次。所以要應無所住而生其心，才能穿越功態的層次，這就是我們要練的重點。

外面的丹道，不會講到這個的，都是講特定層次的特定現象，這樣就沒辦法成功的演化了。所以我一直在講，重點在演化的順暢。演化要能穿越層次，這一層慢慢越來越短了，就表示下一個層次，應該有出現的跡象。你要更細心地去觀察，下一個層次出現的跡象，耐心，細心地去等待，這就是無為法的核心。不只在同一個層次演化，還要穿越層次，這樣才能一路從動功練到陽神。

下一個層次出現的跡象，會非常的細微，但是一定有，要去觀察，去找出來。每個階段，有該注意的重點，專注在眼前的關卡，把眼前跨過去。放下壓抑，放下過去，把身體解放，讓身體自由，順隨身體，讓身體的氣自由，傾聽身體的氣怎麼帶你。

第十三章　無為自發功的要點

　　無為自發功絕不是只有動功，還要有靜功。你每次練完動功，要靜靜坐著，去體會內動，氣在體內動的感覺。不要不動就收功回家了。因為那個休息，關係到你的氣能不能到裡面去。你的氣，進不到裡面，你就沒辦法進步。我們練功就是一動一靜，一陰一陽，交替著練。

　　我們從自發功入手，自發功是無為法，主要就是為了打通外層經脈，讓氣能夠順利進入中脈。氣入中脈的第一個徵兆，就是頭頂打開，開穴。這個不叫開頂，開頂是陽神要出殼了。頭頂的穴，如果開得順利，整顆頭頂都是開的，不是只有百會小小一個穴。

　　外層經脈要打通，不能只有練動功，自發功不只有動功。初學者動完之後，會累累的，不能就說累了，走掉不練。那個累的感覺，就是氣要入五臟，修補五臟之氣，還是要留在原地繼續練，感受那個累。這樣一個流程，就是陽極生陰，陰極生陽。每天練功都要練透，完成這個完整的程序。這樣動功就會產生變化，不會一直卡在相同的動功。練透之後，動功才會演化出丹道裡面的一些現象，例如氣入骨髓，百會氣通天之類的。

　　練到經脈都通了，會動不起來，這時候只能運動了。如果環境的氣夠強，有時候還是動得起來的。我自己的經驗是，經脈通到一個程度，在氣比較弱的環境，會動不起來，但是到了一個氣強的地方，卻又動得起來。

有人氣卡右肩，很明顯就是不練動功的結果，動功練透，手腳的氣就不會堵。靜功如果只有坐著不動，當然氣就卡頭了。靜功本來就不是坐著不動，靜功還是有動作的。外動轉內動，再轉五臟，三層都要練透，虛空才有辦法打開。

第十四章　功態與氣機的相互意義

　　自發功分外動和內動。外動一開始從腳開始。前後晃動之後，到一個程度，會拉著你往後退。退到一個程度，會拉著你旋轉繞圈。這是非常重要的階段，繞圈能夠清理你的左右脈，左右脈是比較粗糙的中脈系統。

　　前後晃動，這個在林孝宗教授的《自發功》一書講得很清楚，這個就是任督開始運行的現象。任督本來就是通的，但是最深度的任督，是在骨髓裡面走的，最表層的任督在體表走。我們剛練功的時候，走的就是最表層的任督，因此會產生最表層晃動的現象。

　　我們每日的物質生活，各種情緒的波動，容易在身體的表層，累積大量的濁氣。這樣的外動，能夠把這些東西的濁氣清理掉，不讓這些濁氣往裡面更滲透進去。

　　外動從腳開始，所以剛開始練功的時候，跑來跑去，動作大的很，忙得很，氣強的很。練到一個程度，不太動了，雙手開始動了起來。這個時候，會出現很多特殊的手勢，像太極拳，又像打手印。但是千萬不要把手印和密宗的手印種種意義做任何過度的關聯想像，就像林教授說的，那個就是雙手比較精細的複合氣路的一種走法。

　　雙手的氣路走到一個程度，會和雙腳做複合氣路，就會出現雙手雙腳同時動，就很像打太極，又像跳舞。雙腳，雙手，繼續再練，就往頭去了。這個時候的氣在頭的比較表層。常會覺得有氣在臉上爬來爬去，以為臉上有蟲子。爬過

了頭的表層之後，就到頭的裡層去了。

　　也就是說外層氣練完，要走中脈清理階段的時候，一開始的那一關就是頭，因此這是很重要的階段，也是自發功無為法的威力，能夠在動功之後，就自動將氣集中在頭。具體覺受是頭昏，有點疲累。這時不應解釋為自發功耗氣，而是自發功開始要打通三關當中的第一關頭丹田。

　　剛開始到頭的裡層，就是一個字——昏，頭的濁氣很重，有的人會出現一些現象，例如跪拜，會覺得頭很重，一直想往地上鑽，想往地上敲，這個時候的功態幾乎都是地板動作，因為你頭上的濁氣太重了，你是怎麼也爬不起來，這個時候只有一條路，就是去找一塊可以躺的土地。土地的吸收能力，能夠快速的把卡在你頭上的濁氣吸走，像我就在頭上包塊頭巾，就整個人直接躺在地上了，躺的全身都是土也不管了。

　　為什麼要躺土地？就是前面講過，要靠土地的吸收力，你如果不躺土地，你躺著不是土地，而是家裡的木地板，磁磚地，這個效果就差了，而且差很多。你躺過土地你就知道，地面會傳來一股很強的很深層的力量，彷彿地面有脈動。躺在地面上的時候，甚至可以感受的到大地之母的力量，一種透過土地傳達到很遠的存在。你躺在土地上，你是和整個大地連結。但是你躺在地板上，那個連結就弱了，幾乎沒有了。除了土地，也有人頭頂樹的，當然如果地面太髒，頂樹也行，只是比起土地，效果就差多了。

　　這個頭頂的濁氣能夠清除的話，你就開始能夠體會到內動氣的神奇了。你能夠見光，中脈七彩光，紅橙黃綠藍靛

紫，各種光影的變化，如極光一般美麗燦爛。

　　這個光到一個程度，會聚成一個點，就是著名的黍米光，也就是傳統丹道認為是金丹的光，當然這不是金丹的光，這光會聚成一個點，有的人還會旋轉。除了七彩光，黍米光，還有白圓光，白圓光就是《悟真篇》講的「烏肝與兔髓，擒來歸一處，一粒復一粒，由微而至著」當中的兔髓。不管是烏肝、兔髓、還是黍米，都是同一個階段的現象──鉛氣光，這也是搬運法所著重的階段。但是我們要練的地方，這個只是一個過程的一半，屬於陽的部分，並沒有陰陽練透。

第十五章　以中脈的角度看層次

一、外層左右脈：當氣在左右脈的時候，意識就如同平常一般的醒，剛開始會大力旋轉，慢慢旋轉的氣會變成內動氣，會感覺體內有氣感在旋轉。

二、中層氣場光：當氣機一進入此層，就會出現內在的光，如同北極光般的薄霧旋轉光，顏色各不相同，此乃瑜珈所謂的中脈七輪的顏色，隨著各人的個性情緒，會產生不同的顏色，而這個光就是人的氣場光，如果練得夠深，有時候睜著眼睛，也能看到光。

三、內層入定態：到了這一層，就可以很輕易的開啟玄關入定，此乃丹道的境界，至此就到了自發守竅的開始了。所謂的自發守竅，就是鉛汞合之後，注意力不會隨意流動，不會任意跑雜念，可以有一種磁吸作用，會自然地停留在這個玄關竅的狀態。

四，真空階段：中脈的陰氣，在入定態之下，逐漸消除殆盡，才能夠真正的啟動拙火，產生真空妙有的內景，開始凝聚真人的歷程。

第十六章　氣的三個層次

自發功的氣，是有分層的，這邊大致描述一下。

一、外層氣：以動功為主，通通列為外層氣。

二、中層氣：以覺受為主，身體的各種覺受，熱、麻、脹、移動、蒸氣、涼氣等等。中層氣特色為「移動」，各種類型的氣，在體內移動，變化，但是身體不動。

三、內層氣：伴隨意識的變化，意識的下沉，若心藏神的心淨化到了某個程度，就會元神顯現，會有比較清晰的意識；如果心藏神的心濁氣很重，則特徵就是昏，非常的昏。所以內層氣會有兩種狀態，一種就是昏，一種就是虛空玄關竅。

剛開始打通時，會氣入骨髓，氣在骨頭裡面跑，酥麻軟感異常強烈，伴隨又醒又睡的奇特意識狀態。一陣子後，任督骨髓打通後，開始會直接從下丹，電流往上沖到頭丹，然後特殊的種種清晰內景就會出現了。

能練到這裡的人，已經不需要多說什麼了，什麼路都自己清清楚楚了，怎麼走都相當明白，也不需要看我這帖文。主要的就是中層階段，中層階段需要調整的心態有很多，有為到無為，如何入無為，這是一個非常關鍵性的突破。

在這裡，醒與睡的堅持、姿勢的堅持、注意力鎖定的堅持等等其他各種堅持，都必須在中層階段一一被打破，才有可能邁入內層——丹道的階段。在外層，怎麼練都行，都能進中層，可是中層要如何才能進內層，就是大學問了。其實

百般學問只有一個最大，就是鬆靜自然。把握住鬆靜自然的精髓，就可以入裡層丹道領域了。

中層氣本身也有很多變化，在心輪濁氣重的時候，中層氣的形態，和心輪濁氣少的時候，是有很大的不同的。

中層氣基本上偏陽，內層氣偏陰。外層氣也偏陽。練的時候，不可偏廢哪一層。我們的意識會把氣卡在某個層次，這是可能的，而且經常發生。應順其陰陽，察覺意識的干擾，儘量降低意識心的干擾，才是真正的自發功。練自發功若不練心，則走偏的機率非常非常的高，幾乎是百分之九十九點九九會走偏。

三層氣用蘋果來說明：

外層氣，就是果皮，走的是皮表的觸感，基本方向由下而上。

中層氣，就是果核，走的是體內的中脈，基本方向由上而下。

內層氣，就是果肉，走的也是體內中脈，基本方向由下而上。

只是中層氣走的是空間，會感覺到體內的氣撐開了，氣在身體流動，原本沒有感覺的體內，因為中層氣的打通，會有種種氣息流動感，這是中層氣。

而內層氣是不同的，內層氣在下方主要是腎間動氣，是一種脈動感，到了心輪也會有脈動感，還會有堵塞感、疲累感、昏沉感。打通了之後，會有玄關竅在眼前展開，玄關竅偶而也會在體腔內部打開，但是情況比較少，大多是眼前虛

空居多。

　　內層氣走的是入定態，外層和中層走的是氣功態。所以只練氣功態的人，只能開得了外層和中層，是打不開果肉部分的內層氣的。意識在表層，意識心作用，只能走氣功態，只能走外層氣和中層氣。意識往下沉，氣就可以走果肉部分──內層氣。

　　我們可以直接讓意識下沉，讓氣走內層，不過會有個大問題，如果外層氣和中層氣不足，內層氣練了半天，就是昏，除了昏之外，還是昏，很難有所突破。同理，我們也可以讓意識永遠浮在表層，讓氣永遠到不了內層，當然，丹經、佛經裡面說的境界，你一輩子也練不到。

第十七章　氣的形態

　　練功就像煮飯，你不能都用大火煮，也不能都用小火燉。剛開始大火，陽極。大火漸漸自然變弱了，生陰。自然進入小火，甚至沒有火了，入定。然後陰極，悶到一個程度，就會生陽。陽極生陰，陰極生陽，這樣就是一個練功的循環。

　　這個大火小火，是順其自然產生的，不要想說我現在要大火還是小火。你就是自然，所以我們練功從身體的動作開始解放，就要順其自然，從最粗的氣，就順其自然，到了最細的氣、電流，就能夠做到真正的順其自然。

　　我們要解放氣的形態，不要把氣執著在非得電流感，或者光感為主。今天你的氣是甚麼形態，你就讓它出現甚麼形態。不要想說只有電流形態的氣才是氣，其他形態的氣都不是氣。不能有這樣的預設立場，因為氣的形態，不會只有流動感，或者電流感。一開始從最粗的拉力，身體被拉著晃動做出動作，那個就是氣了。熱流、氣體流動感、電流、光流、到幾何生物光、空間感，都是氣的形態。

　　你要能夠掌握這個無為的核心，才能讓氣自由的轉換它的面目。不會只有限定在氣流感才是氣，其他的面目都不是氣。一旦你限制了氣的形態，你就限制了氣的演化，當然就練不到後面去了。

　　我們無為法最大的好處，就是鬆靜自然，讓氣自然去演化它的歷程。所以我們在心態上，一定要讓氣自由，不要設

想氣的可能形態，不管氣是任何形態，都要接受，包含入陰
昏沉，都是氣的形態。

第十八章　再論氣的層次

　　無為法從零練起，讓氣從最表層開始，也就是經絡層次，外在展現出來的就是動功。經絡層次的氣機發起點，就是從腳開始，所以無為法如果心態正確，真的做到鬆靜自然，是會從腳的氣機開始發動的。腳的氣機是由腎氣發動，會從督脈開始，因此剛開始通常會前後晃動，晃到一個程度，後退的幅度會遠大於前進的幅度，然後就會開始各種後退繞圈的現象出現。這些現象前提是心態正確，當然心態如果沒有掌握好，一味的干涉，那出來的氣機反應，就不一定了，看干涉的狀況而定。

　　腳的氣機走完之後，就會往上，開始走手的氣機，通常是大迴轉。手腳大的氣機走完之後，就開始走複合氣路，手腳並用，這時候就會像跳舞，或是太極拳，八卦掌之類的。複合氣路大的氣機走完之後，就會開始走小的氣機，例如手印，身印之類的，這時候也會開始走其他更內在的氣路，例如電流，光流，恍惚。這些更細的氣機，電流光流恍惚，就是氣開始入頭內了，此時也會出現頭內部的通道，氣機會在頭內部鑽出各種通道，鑽到一個程度，鑽通了，頭頂、額頭、後腦勺，就會開三個竅，頭頂的竅有很多個，全開的話，就成了一個大約二十公分直徑的大竅。

　　繼續再練，就得靠天分了，接下來氣機就入心，沒有天分的人，沒有悟到無為精神的人，入心就成了大關卡，所謂練心，指的就是這裡。但是網路上，很多人常常叫別人練

心，成了一種氾濫的指責他人的用語，我認為這些會講出叫別人練心這種話的人，相當沒有素質。真正懂得練心的人，不會指著別人，叫別人練心，自己卻盲目得連什麼是練心都一無所知。

懂得練心的人，在心竅這關，就可以順利地打開，因為他懂得心無罣礙，放下一切，鬆開心裡的結。而心胸狹隘的人，是不知道如何放開心中的結的，因此長期處在一種心胸繃緊的狀態，連如何鬆心都不知道。鬆心靠的就是自覺，沒有自覺，就別想鬆心，會指責別人練心的人就是不懂得自覺，如果懂得自覺的人，這種話是說不出口的。

所以這裡是一個最大的關卡，能不能進入丹道的領域，就看這個大關卡了。這個關卡一旦過了，修練就進入一個新的領域，再也不會是丹道的門外漢了。進入這個層次，就已經到了不以身體氣感為主的層次了。因此執著肉體氣感的人，沒辦法練出這個層次，自然也沒辦法進入丹道真正的層次，最多只能用搬運法搬動氣感，或者用旋轉打開頭頂，都是在氣感的世界打轉，進入不了三昧入定態。

心竅打開之後，就會產真正的小周天，也就是氣入骨髓的小周天，氣入骨髓的小周天走完之後，就會進入大周天。大周天走的就是中脈的空性，虛空當中凝結金丹，由下丹田發起拙火，經由中脈往上丹田，打開虛空境、霜飛、曼陀羅、圓月、金丹、陽神。

陽神又是一段漫長的歷程，依據《楞伽經》，真人階段為意生身三階段——法身、報身、化身。心竅的開啟，就是這裡面的大關卡，我們看一個人練的到底是不是真的，就看

他開啟心竅的過程次第，如果沒有開啟心竅的次第，繞完小周天，就自稱出陽神或嬰兒了，很明顯的，這個人是入了欲界幻境了。

第十九章　從四念處看層次

靜坐是恍惚後期才能發展出來的，也就是恍惚練到最後，會慢慢變成靜坐，所以現在重點不是靜坐，而是陰陽練透。如果你有疲勞感，要消除疲勞感，也是一樣，都是陰陽練透，悟真篇講陰陽二八，就是陰陽練透的意思，二八十六，一斤十六兩，就是斤兩要足夠，就是陰陽都要夠，就是陽先行，練透，陽極生陰，陰後隨，也練透，每天這樣陰陽來回練透，久了，疲勞感就會慢慢消失。身，就是動功為主，受，就是覺受，以氣感，情緒，身體各種感受為主。

佛陀把人分成四個層次來練，四念處，身受心法，其實道家也是分成四個層次，從黃帝內經就可以看出來。第一層為經絡層，這一層一樣以動為主，就是身念處，第二層三焦氣化層，這一層，就是受念處，以氣感為主，各種覺受也算在內，第三層，五臟為主，就是心念處，以恍惚為主，恍惚之後，久了會變成入定態，四禪定就是這個層次，第四層，以意志神魂魄為主，就是五臟的心藏神，肺藏魄，肝藏魂，脾藏意，腎藏志，也是法念處的層次。

修練上這四個層次，不管是佛家，道家講的都是一樣的，第一層，第二層，屬陽，屬於識作用的層次，第三層，第四層，屬陰，屬於識神隱之後的層次，所以我們練，不能只練一層，要四層都練到，怎麼練？就是靠陰陽反覆來回練透，就能練到。

第二十章　如何性命雙修

　　修命以身體的修練為主，修性主要以覺為主。身體好的人很多，但這和修道是兩回事，修道不能避開身體，但是身體好也不能說是功力高。修道以向內覺照悟本心為第一要務。修命為階梯，修性為根本，一表一裡，相輔相成，棄一不可成。

　　修道路上，內景幻境多，到了雲開霧散的時候，回想過程，如夢一場，才知何為陰濁。人一身皆陰，化陰的過程，即為各種功態。若無陰純陽，即能開虛空，見西南不死之人。心若有有執，不知不覺，就能夠在內心深處產生陰濁的幻境，若以幻境為真，心向外求，就過不了修性這一關。

第二十一章　大道至簡──簡單的心法

我們練功的心法，就是很簡單：鬆靜自然；陽極生陰，陰極生陽；應無所住而生其心；知幻即離，離幻即覺；覺照。大概都是這些原則而已。

當然練功場的選擇很重要，不要待在氣不好的地方練，練的時間要夠長，才能練透。不要只有睡覺前才練，要另外抽時間加練。不要把一些現象，和怪力亂神搭上關係。不要執著於現象，不要把現象當功法練。

無為法，最大的特色，是後天意識不干涉。不管是外動，內動，入定，或者到虛空，一般人都從外動入手，外動就是從自發功開始，我們要練的是從外動，內動，入定，到虛空這樣的一條自然演化的道路。

傳統丹道，使用後天意識，造成內動的假像，造成練功極大的障礙。我們不走這樣的路線。我帶你走的路，就是應無所住而生其心。所有的一切現象，任其生滅，起落，產生自然演化的功能。從外動、內動、入定，到虛空，都是一樣的心法。

心法一樣，大道至簡。但是現象卻是包羅萬象，不要被現象所迷惑，現象都是暫時的，都是生滅的，因為程度不同，清濁不同，而有著不同的現象。千萬不要把別人的現象當功法練。要走出自己的現象，真理是無路可尋的。

我們要走自己的路，每次的練功，都從零開始。每個當下的練功，都從零開始。每一個現象，都是此刻的起點。當

下即是永恆。每一個當下，都是活潑的，不受限的。永恆的是本來面目，是那個不動的覺照，正如黃元吉真人所講：「滅動心，不滅照心。」照心就是貫穿我們整個練功的覺照。

第二十二章　無為心法

　　一個不願意向內覺察，不願覺醒的人，不管他氣功練的如何，他永遠無法打開他心中那道鎖。但是有一種人，他知道他心中有道鎖，他也想打開，但是他找不到路。像這種人，就是我們的道友，因為起碼他知道向內覺察才是正道。他不會執著於呼吸和外氣。呼吸，外氣，都是暫時的。

　　我們的練法，就是放下控制，看見演化，趨勢。這是唯一能開中脈的道路。只要心存控制，不管是呼吸，還是旋轉，都是錯了。而且最大的錯，就是對於這種想掌控一切的心態茫然不覺，一點感覺自覺都沒有。這樣的人，即使打坐一輩子，也沒辦法有成就。呼吸是最初級的，呼吸之後是胎息，胎息之後是繞行任督。任督小周天是氣感的階段，氣感之後是光感，光感之後是開心竅。但是不懂的放下自我的人，練一輩子，就是只有任督。

　　有的人練到後來，呼吸，胎息，直接跳過，一練就是開心竅了。這是怎麼來的？和各位一樣，從後退走開始的，經過十幾年漫長的演化而來的。但是能直接把這樣的功態教給其他人嗎？能用甚麼密法直接讓人練開心竅嗎？如果那樣，那就是在騙人。因為深度的功態演化來的，不是搞密法搞出來的。

　　每個人有自己的路要走，重點是看見腳下的路。走自己的路，每個當下，自己會產生自己的路。這路，不是用方法去重複練習的。而是看清楚自己的內在，讓功態由內而自然

產生。不帶預期，不引導，不控制，不壓抑，不預設立場，這才是我們真正練的法。不管是旋轉、黍米、金丹、碧潭、都是一樣的法。功態有萬千風貌，但是演化之道只有一條。各位搞懂這點，再去看佛經，就能看懂佛陀到底在講什麼。

　　我們只教心法。我個人以前也練過呼吸。呼吸雜念攝心，呼吸雜念攝心，一直重複這個迴圈，這個方法說穿了，是給看不見自己心的人練的。念佛也是一樣，觀想法也是一樣，把注意力鎖定在一個點上面，以一念代替萬念，最後再把最後一念放掉。問題就來了，一直歸於一念，一直執著於外物，置內心於不顧，當真已經一念的時候，有幾個人放得掉？放下必須從身體層面就要開始了，一開始就要揣摩放下了。如果練置心於一處，練了三十年，心都僵化了，如何放得下？

　　各位不要以為沒有這樣的人，到處都是，這樣的情況反而是主流。像我們這樣，練無為法，練了十幾年的人，我曾經做過實驗，嘗試置心一處的練法，馬上功態下降退步，而且過了很多天才慢慢恢復。更何況練了二、三十年的人，那簡直得扒層皮，才有辦法把這個後遺症給慢慢去掉。如果知道不對的，都還有救。不知道不對，還沾沾自喜，視為珍寶，那就真的沒辦法了。只能說這樣子的人，這輩子無望證道了，只能是練氣功而已。

第二十三章　看見自我、看見執著

　　有許多人直接練氣，並沒有經過現代心理學的薰陶，也沒有閱讀相關自省類書籍，這類型的人，很容易就會卡在氣感上過不去，搞不清楚真正的氣從哪裡來。

　　真正的氣，來自於很深層的意識，而這很深層的意識，則需要把表層的東西，一層一層的剝落下來，才有可能顯現。不是氣感在哪邊跑就是了，必須要把自己很深層的內心剝出來，才有辦法的。

　　安於現狀和執著於現狀是兩種很容易搞混的心理狀態，安於現狀的話，功態會自然而然不斷的演化，執著於現狀則功態不會演化，會執著於自己平常「習慣」的路線。

　　這是很細微的區別，沒有誠實的自我觀照，是沒辦法區別這其中的微細差異的。如果是執著於現狀，然後又自我暗示認為自己是滿足於當下，「勝過」功態的進步，這樣的想法，本身就已經是一種執著了。執著不可怕，也不罪惡，但是執著有一個特色，如果沒有發現執著力量的存在，這行蘊一關，是打死也過不去的，行蘊一關過不去，後面就別想入定了。

　　功態的進步或者演化，並非由於「想要」進步的心態而產生，如果認為別人的進步是由於「想要」進步而產生進步，這樣就錯了。功態的進步或者演化，是由於鬆靜自然，這是自發功的特色，只要作到真正的鬆靜自然，並且誠實的覺察到內心種種的執著，功態「自然而然」會產生進步與變

化。

　　所以當自己長期原地踏步，完全沒有演化的時候，就是該審視自己的價值觀，是否已經產生一種強力的執著現象，造成行蘊一關緊緊卡住，無法再繼續演化下去。

　　練自發功有一點非常重要，一定要相信我們的氣是對的，氣不會不對，不對的通常是我們的心態，也就是所謂的後天意識。舉例而言，今天我看了藍石的日記，發現自己的氣走的和藍石不同，但是因為藍石是老師，所以我就開始自我懷疑，難道我的氣走錯了嗎？這樣想，本身就是錯的。

　　你的氣不會錯，你的氣，只要是鬆靜自然，不管怎麼走，都是對的。錯的是甚麼？如果你在氣出現的時候，產生了想要引導氣往哪邊走的想法，這個想法就是錯的。如果你認為你的氣該怎麼走，而你的氣，也照著「你的想法」往那個方向走了，這就是錯了。

　　所以錯的地方在哪裡呢？就在你的僵化思想，能發現自己的僵化思想，就不會錯了。不去找自己的僵化思想，卻用後天意識去設定自己的氣該怎麼走，那就錯了。

　　所以，請看清楚重點：重點在於是否看見自己的執著。每個人都有執著，當自我存在感存在的時候，執著同時就存在，不要以為把自己搞得一付好脾氣的樣子，說說一些專有名詞，就是所謂的修心，就能入定，就能突破練功的困境。只要沒有看見自己的執著，外在的行為再怎麼修正，依然是從 A 點轉變到 B 點而已，依舊沒有跳出這個我執的圈子。

　　能不能入定，就看自己能否看見自己的執著，並且放下自己的執著，和靜坐的時間長短沒有多大的關係，也和入定

的姿勢沒有多大的關係。千萬不可執著於姿勢，萬一執著於姿勢，價值觀就會把身體鎖死，就會形成卡關的狀態，每次練都是類似的東西，就很難有突破了。執著於坐姿，和執著於旋轉、靈語、手印、動功等等，其背後的心態都是一樣的，都是執著，這是練自發功的大忌。

　　另外一個比較深刻的問題，就是死心。練自發功必須有一種死心，對一切死心。這不是一種漫不經心，也不是一種傲慢，而是一種放下。如果我們此刻死了，甚麼都是帶不走的，要有這樣的心情，能夠放下一切思想，放下一切在乎、喜惡、責任等等，甚麼都必須放下，了無牽掛。了無牽掛有一種放鬆，極度的鬆，唯有這種極度的鬆，才有辦法練到深處。只要有一絲牽掛，即使這個牽掛是如此的微不足道，例如一隻蚊子，就能毀了一切。

　　宮廟派的思想對於自我意識、識神，有著非常大的放大作用。當我們的自我被放大了，會有一種快感，對於這種快感，如果沒有覺察，自發功就不要想練到後面了。自發功後面的練習，必須要面對的，就是自己一顆執著迷亂的心。看不見這顆識神之心，把識神窄化為表層的意念控制之心，就錯得離譜了。

　　《心經》講的很清楚了，卻沒幾個人看得清楚，色，受，想，行，識，一層一層都要清除濁氣雜質。色身，很清楚；覺受，開始有人不懂了；想，各種粗細念頭，已經有人搞不清楚了；行蘊，深度潛意識幻覺等，很多人把這邊遇到的幻境當成神通了；至于意識，沒幾個人練到這邊了。

前面那幾層，都是識神的變化。識神不是只有你醒著的時候，那個「刻意控制」的心，識神沒有這麼淺，如果你把識神看成這麼淺，很抱歉，你就會開始把識神所產生的其他現象，看成是所謂的上帝論了，就會把自己看成上帝或神仙等等。所以有很多人，會說自己是什麼什麼轉世，就是對於自己的意識深度一種無知展現。

　　練自發功，一路上都需要撥雲見日，要知道自己的濁氣是非常非常的重。練功就是不斷的覺察，看看自己有沒有深陷幻境，以免練了半天，都在識神的濁陰當中打轉而不自知。

第二十四章　不抗拒不導引

我們是修道、修真，對於幻境，要破幻、知幻，才能夠得到真正的覺、元神。元神不是像怪力亂神講的，是甚麼靈魂個體之類的。元神就是自性，甚麼是自性，麻煩請看《楞伽經》，講得很清楚。

很多人對於修道有太多不切實際的想像，這些想像，阻礙了正常的演化之路。只要把這些不切實際的想像，也就是虛妄放掉。破妄、知幻，就能夠讓演化正常發生。放下錯誤的知見，道就出現了。

今天要講的第一個錯誤的知見，就是練功要導引，第二個錯誤的知見，就是入定要清醒。練功和運動不同，練功的作用點必須是完全的自由。為什麼很多修道人無法突破，因為他們把作用點卡死在某個特定的層次了，例如小周天之類的，認為小周天的功態才是修道，因此運用各種導引，把自己的氣機作用點卡死在小周天。這樣的作法，導致演化被干預，無法自然發生，無法突破變成理所當然的了。

各位來我們這裡，我能給各位的，就是從經典裡面看到一個很大的重點，應無所住而生其心。這句話說來容易，但是實際的運用，卻沒有幾個人能懂，為什麼？就是因為錯誤的知見誤導。練功要突破，心態最重要，不抗拒，不導引。很多人學習打坐氣功，剛開始用的都是導引。但是導引練到一個程度，就再也無法突破。特別是丹經佛經所講的東西，用導引都是無法突破的。這個階段要突破，必須徹底的放棄

導引，放棄任何方法，只要把神火收回即可。除了導引所造成的問題，抗拒也是一個很大的問題。很多人看不懂丹經，這所謂的很多人，包含了近代丹道大師。

　　歸爐溫養是自然發生的功態，只要不要亂導引亂抗拒，這是一定會自然發生的。當然烏肝兔髓黍米，曼陀羅圓月陽神真人，都是自然會發生的。沒有密法，只有放下錯誤的知見。雖說如此，但是放下錯誤的知見，還是非常困難的。錯誤的知見，從許多大師的口中被說出來，也被記載在各式各樣的經典當中，例如《性命圭旨》。初學者無法辨認哪一個大師講的是對的，那一個大師講的是錯的。真正的大師講的又看不懂，像佛陀，魏伯陽，張伯端等等。很多現代丹法的大師，講出來的東西都是錯的。他們使用丹道的語言，講出來的知見，卻是錯誤的，而這樣的錯誤，卻普遍被傳為正統。這就是現在很多人花了很多青春歲月，卻依舊練不成的主要原因。生命是自己的，不是那些檯面上大師的。

第二十五章　什麼是四念處

　　四念處：身、受、心、法。觀身不淨，觀受是苦，觀心無常，觀法無我。

　　識必有所緣，初練，緣於身，乃四念處之觀身。待氣機穩固，乃緣於氣，為觀受。接下來，為觀心，此乃是放下一切所緣。原緣於身與氣，最後，放下所緣。此時，識一放下，即陷入昏沉，渺冥，恍惚。而原來所練之真氣，即在此時入五臟化陰。當陰化盡之時，即為開啟虛空之時，此時觀法無我。法即為法性、dharma、元神。此狀態為《道德經》所言之「無欲觀其妙」。法就是虛空了。一入虛空，一旦有了我，就脫離虛空了。故放下所緣，即為一大關卡。看不見心有所緣，即無從放下，自然也無法進入法性虛空。

　　練精是身，練氣是受，練神是心，練虛是法。這個不是理論，只要遵循無為的原則，練起來就是很明顯的分成四個階段。四個階段的功態有明顯的不同。動功就是練身，靜功就是練受，定功就是練心，虛空就是練法。不管是道家還是佛家，不管哪一家，只要是練對了，就會自然而然演化出四個層次。

　　四念處，念，就是神之所在，覺之所在，是動態旁觀。不可主動卡死在特定的地方，例如守竅就是卡死。但是自發開竅的自發守，就不是卡死，而是水到渠成。

第二十六章　放鬆的層次——四念處與自發功

四念處，這東西很有意思，因為佛陀留下來的東西是一個大原則的東西，並沒有很細節，所以四念處的修行變得很多樣化，各家各派都不太一樣，但基本上是一個四念處。我的理解是，四念處即四個覺照（念）擺放的地方。

四念處，雖然各家各派修法不同，但以自發功的角度來看卻非常的契合，我認為觀的目地為鬆開，觀的過程為鬆靜自然之覺照。

一、觀身：觀察身體的動作，和自發功的外動契合。

二、觀受：觀察身體的覺受，和自發功的內動契合。

三、觀心：觀察心的變化，和自發功的鬆心意識轉換入定態階段契合。

四、觀法：觀察法的變化。

這法從自發功的角度來看，鬆開注意力之後入定，入定態之後，先天氣自己會去走，識神完全隱退，沒有一絲雜念，只有先天元神的覺照。此時，氣會不會繼續走？其實還在繼續演化，即使只剩下覺照，氣還是以它自己的方式繼續演化，此階段與法契合。

所以程序是這樣的，動作在動的時候，覺照擺在動作；身體動作不動了，覺照就擺在內氣的內動；內氣內動不動了，覺照就擺在注意力，把注意力鬆開。注意力這個階段在道家來講就是汞，一個可以移動的意識焦距。而鉛汞合之

後，也就是注意力穩住之後，入定，意識轉換。此時注意力鬆開了，已經沒有一個可移動的注意力了，只剩下先天的元神覺照，就以此先天之覺照繼續。

四念處還常看到一句話：「觀身不淨，觀受是苦，觀心無常，觀法無我」。這四句話套到自發功也很好用，這四句話主要是告訴我們不要執著。練身體動功階段，有些人對身體相當執著，就會卡在身體動作階段，迷戀身體動作的種種美妙。此時佛陀提醒我們：「觀身不淨」，不要因為觀身而對身體產生執著，這個身體是不淨的。

而練內動階段，也會有一票人，卡在內動的種種美妙，迷戀內動的氣流暢快感。所以佛陀又提醒我們：「觀受是苦」，不要因為觀受而對這些感覺產生執著，這些種種的覺受還是苦。

而在練鬆心階段，則很容易執著在生活種種事情上，執著小孩有沒有讀書，執著工作有沒有完成，種種執著。佛陀又說了：「無常」，沒甚麼好執著的，繼續練下去吧。

而在入定之後，已經以先天元神覺照了，不要再用後天識神去擾亂一缸清水。佛陀又說了：「無我」，所以就不要以自我意識去擾動這一切吧。

佛陀的話拿來自發功，一切都是這麼契合。我真搞不懂，學佛的，自稱佛弟子的，為什麼攻擊自發功呢？應該來練自發功吧，練了自發功之後，會發現佛陀講的東西可不是理論，是實修啊！

第二十七章　如何用有為加強基礎

　　四念處，兩個陰陽。我們練功的時候，注意力有四個層次的擺放處，這四個層次也是自然演化出來的，只要演化出來，就能發現有很清楚的四個層次，不需要特別去找。

　　身受心法，身受為氣功態，心法為入定態。

　　注意力在身，觀身不淨的這個層次，屬於動功的型態。有的朋友說，打坐雜念多，是因為你的氣正在觀身的狀態，而你卻強迫自己做觀受的層次，沒有應無所住而生其心，所以你的氣脫離你的神火，兩者無法結合。

　　觀受是苦，這是內動氣階段，也是烏肝兔髓黍米階段，也就是現代丹法著墨最多之處。那些現代丹法名詞都在描述這個階段。

　　觀心無常，這是入定態的初階。也就是欲界和色界狀態，這裡的入定態是比較昏暗，恍惚杳冥。大家常常會在這個階段睡著。

　　觀法無我，這是法性（dharma）的狀態，四空定的狀態，虛空態。所以先天真一之氣自虛無中來，講的是這個階段，不是烏肝兔髓黍米的階段。但是搬運法多把烏肝兔髓黍米，這個階段說是虛無，這是一種階段錯置的有為法。所以勸各位千萬不要沉迷搬運法，以免自誤誤人。

　　觀法的狀態，就是那些開心竅之後的特殊內景，霜飛、曼羅羅蓮花、圓月、結胎等都是這個狀態的內景。最要注意的是圓月，很多人把兔髓當圓月，咱們可得把這個特徵給搞

清楚，兔髓不是圓月，各位兩個都練出來，就能知道差別真是很大，不會讓你搞錯兔髓和圓月的。但是沒有練出來之前，這兩個是分不清楚的，所以要看一個人是不是真功夫，這也是一個鑒別點。

說不清楚兔髓和圓月有何區別，那就是現代丹法了，說得都是丹道名詞，卻是在練氣功，也就是觀受的階段。我看一個人講圓月到底是甚麼，就能夠知道他的程度在哪裡了，太多人把兔髓當圓月了，當自己兩個都練出來，你再聽聽別人的描述，就能知道他講的到底是兔髓還是圓月了。

我在ＱＱ和網頁找了很多年的資料，我很誠實的告訴各位，我找不到一個能夠把兔髓和圓月說得清楚的人，我是根據古書、自己和朋友的經驗，才搞清楚的。所以我看到有人不知道我分享的是多珍貴的東西，也只能隨他去了，無明是無可救藥的，我已經看多了，除非自己有所覺悟，旁人說甚麼都很難去撼動那個深層的無明。修道只有一個方向，沒有別的，搞錯方向，就難了。

當你把四個層次都練通了，都能自在，就可以用有為法來做加強。觀身，就是身體的層次，能夠在戶外做加強。觀受，就是內動氣，熱流電流光流階段，也能單獨打坐做加強。觀心，也能做加強。前三個階段都能做加強。但是到第四個階段，觀法，也就是虛空層次，整個狀態就不同了。這個虛空自在，若當能練到虛空自在，就能夠結胎了。

所以各位要知道，那些講丹道的人，他不見得就能練得到，必須看他的實修狀態，有很多鑒別點可以看的。只要各位能夠練到虛空自在，走過我走的路，你就能夠輕易的辨別

那些搬運法的謬誤到底在何處。

　　剛才要講的其實只有一個重點，就是四念處有四個層次。這四個層次，你如果練到第二層，第一層就可以觀身自在，可以做加強；你如果練到第三層，第一層和第二層，觀身和觀受，就可以做加強。你如果練到第四層，前三層就可以做加強；但是真正要練到第四層，重點是在自在，要能夠出入虛空自在。這裡是我來ＱＱ的目的，把大家培養成能夠虛空自在的人。

　　這個第四層，有著修練丹道者夢寐以求的一切真相，都在這個第四層的虛空自在，觀法自在。這裡講的法，不是方法的法，而是法性的法（dharma），就是自性，虛空，本覺等等。

　　我今天要講的主要的重點，就是自在階段的加強，也就是屬於有為法真正的意涵，有為法是在這個階段在練的。

　　有為法不是給那些程度不到自在的人練的，那樣練，那樣教，簡直是亂來，有為法是給破關的人做加強用的。講這些只是讓各位知道，我並不是排斥有為法，而是現在的有為法練習的心態背後整個大偏差，所以導致了功態無法突破，修練者長期卡關，難以進展。我舉個比較初階的例子來說：我們的練法，鬆靜自然，產生了旋轉，過了旋轉關之後，日後我們要再來旋轉，還是可以隨意旋轉，只要一個意念一到，旋轉就能夠被激發產生，做一個加強。但是外面的練法不是這樣，他是沒有破旋轉關，然後一開始就刻意去旋轉，一直重複練旋轉，直到有一天，真的旋轉關破關。

　　再說：內動氣小周天階段，我們的練法，是讓內動氣自

然流動，直到能夠進入第三個階段，這時候內動氣階段是第二個階段，就可以加強練，以便增加第三個階段的基礎。但是外面不是這樣練，是在沒有通過第二階段，只有在第一階段，就妄想用後天的意念去走第二階段的功態。所以我們能過關，外面那種練法難過關，就是差別在此。

第二十八章　注意力

　　注意力在身，能量會轉變成氣的覺受；注意力在覺受，能量會慢慢轉成意識的轉換；意識轉換過去，能量能夠維持住攝心，能量就開始走深層任督，聚光。注意力在身，無法轉為覺受，有可能是因為執著心之故。注意力在覺受，無法轉為意識變換，有可能是因為執著心之故。注意力在意識模糊轉換階段，無法升起覺知，也有可能是因為執著心之故。若皆能放下執著心，則轉變遲早必然發生，只要繼續練下去就可以發生了。

　　曾看過有南傳練習者，認為不應將注意力放在覺受，並認為將注意力放在覺受是執著，並以此理由反對自發功，《阿含經》四念處說得清楚，並非不放在覺受，而是不執著於覺受。不執著和不管它是兩回事，一個是覺照之，一個是避之。避之，則能量無法轉化。覺照之，才有辦法產生演化。

第二十九章　什麼是識神隱

　　識神隱就是氣入五臟，意識下沉，意識消失，只剩一個淡淡的覺，半睡半醒。練功練到陽極，就是要放掉自我意識，讓自我變得很模糊，恍惚，半睡半醒。識神浮，就是醒著，識神沉，就是昏睡。識神隱，識神包含眼耳鼻舌身意，都停止作用，所以連念頭也沒有了。

　　入定後的出定霎那，周圍的聲音，就會出現，有一種浮現感覺，本來是沒聲音的，一出定，聲音就冒出來了。比較像睡覺，只是睡覺是完全昏沉。入定是看五臟的情況，五臟濁氣少點，就比較清醒，五臟濁氣多點，就比較昏沉，如果五臟濁氣都沒了，那就又到另外一個層次的虛空定。

第三十章　什麼是元神

言語道斷，心行滅處，真正的修道就從這裡開始。這是哪裡？就是識神隱元神顯的開始。這裡講的元神不是像西方那種靈魂出體的說法，元神不是一個讓你出體的神，真正丹道講的元神不是這個。這種元神是靈魂的概念，不知道是從哪裡來的，我只知道這種說法在網群相當盛行，但是在丹經裡面，我看不到有這種說法的蹤跡。

丹道講神，是一個感知的本體。識神是以六識為基礎的感知本體，眼耳鼻舌身意，因此當六識俱息，識神就暫時隱沒。識神隱沒之後，如果因為五臟濁陰之氣太盛，就會造成識神隱元神沒有顯現，會昏沉，進入一種昏沉恍惚的狀態，這個狀態就是佛陀講的欲界。在這個狀態很容易看見各種幻境。

所以我一直跟大家說，不要逃避這個境，很多佛家道家的修行者，都想逃避這個境，用各式各樣的方法去逃避這個境，卻不知道這個境是必經的過程。

我們一定要去溫養五臟，《參同契》就講了一句非常明確的話：「昏久則昭明」。這個恍惚昏沉欲界定穿過之後，就進入色界定，這時候元神開始顯現，開始開啟中丹。這時候的感知本體是和識神未隱沒之前的感知本體是不一樣的，這就是修道的開始。

原始佛教有四念處：觀身不淨，觀受是苦，觀心無常，觀法無我。到了色界定，穩定的四禪定，就是要觀法無我。

無為丹道

一旦有了我，自我感是甚麼？就是識神。一旦有了我，識神出現，就脫離了法性。法性就是空性，就是元神，印度瑜珈稱為 dharma，都是一樣的意思。不管是丹道的修行，還是佛法的修行，還是印度瑜珈的修行，都是從這裡才進入真正的修行領域的。

我個人的一個想法，並不是從書上看來的，這個想法是：識神是我們用來感知目前的這個時空物質世界的感知本體。但是在這個時空存在的世界底下，有一個更根本的存在，就是量子力學裡面所描述的存在，這種存在方式是比時空更根本的，因此時空只是架構在這種存在上面一種更表層的存在。因此，我們要能夠感知到更深層的世界存在，必須放下現有時空的感知本體，也就是識神。只有放下這個感知本體，才能夠具有更根本的感知，也就是元神。因此元神能夠感知的現象相當超越物質世界，這也就是一般人所認知的神通。如果以一般人的眼光來看粒子纏結現象，是不是也是一種神通現象呢？但是粒子纏結現象卻是真實存在的量子物理學的一種現象。

相對論和量子物理學，和最近的天文學，很多現象都告訴我們，這個世界並非我們親眼所見的方式。我們看見這個世界的方式，只是因為我們有這樣的感官，所以我們看見這樣的世界。就像用不同的量測工具去測量天文現象，就能得到不同的現象，例如不同的射線去偵測天文現象，就能得到不同的畫面。

所以，歷代修行者不斷地對我們喊話，放下識神，無我，捨後天而讓先天出現等等，都是一樣的。所以我們看一

個人修的法是不是正道，就是看他有沒有放下後天的干預，
如果他一直以一種後天的方式思維，那就不是正道了。

第三十一章　心死神活

　　《黃庭經》:「垂絕念神死復生」，這是講功態，各位以為練功後面都在睡，這個睡就是神死，識神死，練到一個程度，神死復生。識神死，元神生，主觀感覺就像神死復生。《黃庭經》的內景，都在這個節骨眼出現，神死復生之時。《黃庭經》講的不是比喻之詞，而是真實之言。這個節骨眼，搞錯，丹道就只能是氣功了，練不出丹。

　　沒有萬法，只有一法，即心死神活。心為控制之心，有為之心。神為自然之神，無為之神。無為之道，是心死神活的唯一之路。命功就是為了化解陰氣。陰氣太盛，心死了，陰氣障蔽，元神還是昏昧不明。

　　各位從未曾穿越五臟之陰，無法想像五臟之陰到底有多厚，多難穿越。修命是動力，修性是方向。有方向沒動力，也是打不通陰氣障蔽。有動力方向錯了，同樣也是打不通陰氣障蔽。我要不是睡這麼多，也穿不透那麼厚的陰氣。其實我大部分都是屬於有陰氣的狀態，只有在少數，很短的時間穿透。也就那一點點的穿透，一點點的虛空，丹經中的玄妙內景就出現了。虛空在睡著的後面，識神隱的後面，元神顯。現代丹法為什麼穿不透，就是因為識神沒隱，說白了，就是醒著，沒辦法練進去的。

　　我在丹道群，接觸過幾位有動力但是方向錯誤之人，唯一的共同點:修練搬運法，氣很強，電流感非常明顯，很驚人，可是還是打不通。他們就是因為方向錯了。這些人修命

不修性，看不見識神作用，做不到心死神活。只是不斷的在強化身體的電流氣感，所以一身都是電流。這種人對自己身上的電流非常有自信，認為自己練對了，才能有這麼強的電流。其實這種程度只到初禪，體感的程度。

我跟各位介紹的，不是搬運法那一套，而是丹經裡面真正的練法。心死神活之法，無為之法，真正的金丹之法。電流不是沒有，但是用來化陰之用，不是用來發放外氣之用。不管練的是佛家、道家或是瑜珈，重點就是有開那道門，那道門開了，才是重點。

要開啟那道門，取決於決心夠不夠。決心是最難的，決心是甚麼？就是不動心，整天不動心。這個太難練了。不動心，是怎麼不動？就是外動裡不動，裡面的覺照如如不動，整天如此。只有徹底死心，才有辦法這樣，只要有一點點不死心，有逐物之心，有攀緣之心，就沒辦法做到。

自發功練到丹道的深度之後，一天二十四小時都能練，其實睡著也在練。我必須告訴各位，練到開虛空之後，睡眠是很不一般的。幾乎是沒有睡眠的，有一個覺照，二十四小時都是醒著，即使晚上睡覺，一轉換，識神隱，元神立刻醒來，又是醒著睡。你看一個人的睡眠，就知道他到底是幻境還是真景。白天工作，人在講話，裡面有一個不動的覺。

練到開虛空的人，最大的不同，就是睡眠。還有講話的感覺，不是自己在講話，是聽著自己有一個我在和外界互動。裡面的我是空的，能夠 24 小時都是這樣的狀態，才是真正的開啟虛空。只要有昏睡，就是五臟有濁陰之氣未清，此種情況，不可能開啟虛空。虛空只有一種情況下能有虛

空，就是沒有五臟濁陰。有些人研究了很多別人的真景，最後搞成幻境，也有很多所謂的大師，特別是西藏密宗的大師，就把別人的真景當成觀想，搞成幻境還以為是練成了。

開了那道門之後，有很多可以辨認的標準，最清楚的標準就是睡眠狀態。自己練的怎樣，拿睡眠狀態來看，都騙不了人。練得不好就是昏睡，做夢，只要陷入昏睡，就是沒開虛空。開虛空的人，絕對不會昏睡。各位上哪裡去找一個醒睡如一的人？誰敢承認自己睡著就是醒著？

整個練功的意識過程的轉換，都非常的清楚，練功的重點在於轉換——識神隱，元神顯。這一個轉換的過程，這才是真正的丹道。繞小周天就是丹道嗎？繞小周天是氣功，不是丹道。真正最難的，就是內在的空性。24 小時不漏這樣練，簡直就像殺了自己一樣。死心，所有的一切止息，內在的空性才能啟動。有幾個人能做到死心呢？心不死，虛空就不開，心死神活。

第三十二章　覺照

我們練的是性命雙修。我也發現其他丹道群對於性功非常的不清楚，所以各位要在性功上有突破，必須從兩方面著手。

第一，從傳統丹經，而不是從現代流行的搬運法。

第二，從佛教內觀下手。

傳統丹經的分享，我也常常在講，但是佛教內觀的分享是比較少的，我在練自發功之前，最後一個學的有為法就是內觀，我並沒有放棄內觀，而是加入自發功來練。所以這也就是為什麼我練出來的自發功，和其他練自發功的人非常不同。性功要有所突破，要有內觀的基礎才行。

傳統丹道是我找到的最後一條路，也是最完整的一條路，但是現代流行的搬運法和我所領悟的丹法根本就不是同一個法，練出來的氣場結構也完全不同。各位功力還淺，可能感覺不到，各位如果能堅持幾年，應該慢慢能夠感覺出來。各位只是聽我一直在批評搬運法，但是卻搞不懂這之間有什麼差別，雖然我已經很盡力表達，但是氣場和功態的東西，不是用講的就能懂的，必須要花上很多年的時間才能略知一二。

我以前 15 年的有為法學的很雜，幾乎臺灣能學的都學的差不多了，就剩氣功和丹道沒學，因為我去找過資料，氣功丹道給我一種邪門的感覺，所以當年一個朋友告訴我，或許我找的東西在丹道，我的確去找過資料，但是不契合。那

時候我找到的資料是現代流行的搬運法，一看就覺得不是正道。

　　後來為什麼又走到丹道來呢？是因為自發功和一本《太乙金華宗旨》。我的一個朋友是奧修門徒，他家人翻譯奧修的這本書，他介紹我這本書，我就去找原文來看，這一看之下，就一發不可收拾，開始延伸學習，直到今天。我直接看經典，就不覺得邪門，而是感覺到一股正氣，不管是張伯端，王重陽，還是黃元吉，都能看到他們有很深的佛教背景。我才確定我找到我要找的東西了，就是歷代祖師所傳承下來的丹道。

　　但是我從丹經所領悟到的丹道，和現代流行的搬運法根本不是同一個法。這點要請大家注意一下，所以雖然我們講的是丹道，卻不是搬運法，而是張伯端魏伯陽這個體系的丹道。

第三十三章　非善非惡中道觀

　　要能深度觀察起心動念，必須心要夠淨，夠清，而沒有達到入定態，心裡面充滿了濁陰之氣，如何能客觀的觀照呢？入定是基礎，平日修為也是基礎，兩者不可偏廢。入定是清理內心濁陰之氣，眼睛一閉，眼前都是黑的，可見得這個氣有多濁，我們與生帶來這五濁之氣有多重。沒有以中觀返照自己，如何除這累世的陰氣呢？練功要有去掉身心內外各種深度濁氣的決心，而不是身體表面上健康就可以了。

　　然而求定也是一種偏差，入定表面雖在不動中，而卻發端於動中，動中有靜，靜中有動，不是玩文字遊戲。若執於定，則不欲動，不動則氣滯，久之傷身。必順氣之自然，初動後息，息乃以鬆靜自然之心，待氣自行止息，此乃真定。若以意念壓抑，以有為壓抑，欲以求定，則此定非真定，此氣非先天真氣。

　　雖說自發功是無為法，可是必須對何謂無為有一個正確的認知。無為非無為，而為無不為。簡而言之，無為乃無所不為。其實是有為，而不執於某特定有為。不可執於有為，亦不可執於無為。不可固定某法為練功之法，亦不可放棄所有法不練，身體所需，必須此法，亦可用此法，不可執於無為，即認為無為是完全甚麼都不作。自發功雖說動作很多，但是動作是細節，真正要掌握的大原則，則是心法。

　　如果認為自發功是那些動作，因而心外求法，則練一輩子，也練不出真氣，只能練出假的自發功，也就是模仿的自

發功，如此的自發功，實質上，已經脫離了自發功真正的精神了，不再是自發功了。

　　重點在於心裡怎麼想，觀念是甚麼。而要知道自己怎麼想，自己的觀念是甚麼，完全自我誠實的觀照，是百分之百需要的。否則練了半天，對於自己心靈的相狀，完全一無所知，只知道向外探求，如此練法，一定是卡關一條路。

　　有一種詭異的觀念，認為我是佛，你也是佛，大家都是佛，既然都是佛，又有甚麼好練的呢？所以也就有所謂的理智上的頓悟派，而這種所謂的頓悟派，頓悟的東西可真是非常的詭異。我們在講頓悟，講的應該是對於佛法當中的中觀，X 即非 X，是名 X，這種非落於兩端的一種中道思想。

　　可是有另外一種頓悟，是以一種偽善的方式來描述這種頓悟，最常見的就是肯恩‧威爾伯所批評的慈母禪。這種慈母禪的口吻，就是標準的鄉愿、偽善，喜歡用美麗的語言包裝一切，但是在美麗語言的底下，卻有著牽扯不清的種種欲望。這些黑暗面，慈母禪信奉者是不會去面對的。這類人的哲學有著類似心理學所謂的 I am OK. And You are OK. 這種思想，用來處理人際關係，是相當 OK 的。可惜，在修行或者練功上來說，卻是一大障礙。因為根本上的價值觀就不承認人有黑暗面，既然不承認，何來面對呢？沒有面對，如何知幻即離呢？如何產生覺察力呢？

　　真正覺察力的訓練，必須是毫無揀擇的，非善非惡，包含一切念頭，所有的念頭，都在覺察力的訓練範圍之內。倘若沒有這樣的覺察力訓練，練到了深處，必定產生嚴重的卡關效應，嚴重卡在某種行蘊而不自知。就算沒有卡在行蘊，

後面的更細微處，處處都是能卡的地方。我們的心就是如此的細微，練到越深處，身體的影響越來越小，心理層面的影響越來越大，一個細微的觀念，就能發揮強大的影響力，當然一個錯誤的執念，也能發揮強大的力量。

自發功易學難精，到了入定態就更困難，主要的原因都是在這顆心，充滿了迷霧，看不清楚自己，自我感覺良好，無法客觀的觀照，是主要的原因。所以自發功要練到入定態，中觀一定要搞懂，沒有悟到中觀，是不可能入定的，就算是自以為入定，也只是入頑空定。至於頑空定和正定有何區別，就是另外一個主題了。練功不會進步，是因為心有千千結。最大的結，就是我執。對於我執不僅不覺照，還沾沾自喜，這樣的心態，要練出真氣，難喔！

有人認為練出靈語就是大師了，要幫人化解。有人認為會講幾句道家專業術語就是大師了，要給人幾萬顆丹。也有人認為每天熱氣蒸騰就是入定了，自我感覺良好。自發功的路上岔路多，沒有中觀，看不見我執，就很難練出東西了。我執卡在哪裡，功態就只能到哪裡了。

正面與反面，陰與陽，有時候不是那麼絕對的。自我誠實牽涉到一個心理因素，就是自我防衛機制。自我防衛雖然是心理學的名詞，但是用在這邊卻相當合用。有些人自我防衛機制非常的厚實，已經厚到自己都看不見自己了。如果沒有痛下決心，看清楚自己的防衛機制，這最後一關——行蘊，是打死也過不了關的。

第三十四章　攝心

　　攝心有很多情況，主要是與雜念的關係，類似火候的東西。內動氣慢慢與心念結合之後（鉛汞合），開始逐漸產生轉化意識的力量。此時，注意力會一鬆，此刻，若氣足，或情況順利，則可一股作氣開玄關。如果不太順利，只會產生鬆開感，還不至於開玄關，因此不夠深入的鬆開感，很容易令意識下沉，產生比較恍惚的意識狀態，身體的感覺是：內動氣逐漸減弱，突然一個恍惚。

　　恍惚產生的霎那，如果定力不夠，雜念或者幻覺會立刻產生，此時就是攝心的時機，跟住恍惚霎那所產生的鬆氣感，就不會起雜念。但是如果此刻，心念升起，告訴自己，這是在網站上看到的現象，所以要如何如何，如果有這樣的心念，那又錯了，此時只能有動作，不能有念頭。

　　這個動作就是攝心，不至於讓放鬆，造成雜念。其實這還是一個自發，並不是一個功法。怎麼說，因為還是跟住氣，只是因為氣覺在此時，逐漸轉變成意識轉換。所以會有一個臨界點的變幻，氣覺會變得陌生，不是原先熟悉的氣覺，變成了恍惚下的氣覺，基本上還是氣覺，只是長相不太一樣。

　　如果能夠認出這個意識轉換下的氣覺，不至於被雜念或者幻覺牽走，也不至於認定這是練功完畢，能夠攝心，跟住這個意識轉換霎那間的氣覺，就能夠入定成功。

此時常見的問題如下：

一、認不出這是入定的前兆，就收功了。

二、恍惚之後，產生雜念，沒有跟住轉換後的氣感，所以氣就變成雜念漏掉了。

三、認不出這是入定的前兆，恍惚一產生，就立刻用力抓住，造成注意力無法鬆開。

此時的關鍵在於，能否在注意力鬆開的當下，依舊保持覺照，不令神火外泄為雜念。如果練功的時候常常冒雜念，一冒就是沒完沒了，冒到結束為止，你有幾個選擇。

一、站起來從動功重練。

二、練習攝心觀照。

攝心觀照重點在於發現雜念的存在，發現的當下，會產生一個覺醒，眼前會一變，然後讓自己停留在那個變化後的狀態。當然，如果雜念很嚴重的話，變化之後，還會慢慢起雜念。沒關係，繼續覺醒。重來一次，沒甚麼大不了的。重點就是讓自己從雜念中「醒」過來，能撐住那個醒，當然是最好啦！撐不住的話，重來就好了。但是撐住那個醒，有個點要小心，有時候撐得太過分，會變成緊張，一緊張就執著，就變成頑空去了。所以，寧願鬆鬆的重新掉進雜念，重新醒來，也不要撐得太過分，造成執著，這樣氣會堵住。

第三十五章　加強火力

這個東西不好講，就是注意力集中，可是又不能亂集中，要有個時間點才能這樣弄。如果要對治雜念的話，又懶得動，這時候身體又有一些小氣感，不是堵塞感，是小氣感，例如蒸氣感、麻電感、光感、流動感、脈動感等等之類的，就可以把注意力鎖在這些小氣感上面。小氣感就會因為注意力的加強，變成更強的氣感，強烈氣感出現之後，就不容易起雜念了。

攝心觀照還有一個選擇，這是身體氣感很弱的時候，雜念又很多，又動不了，身體表層的經脈都通了，沒有動作了，卻雜念叢生，這時後就得用這個法子攝心了。就是用「呼吸」來攝心。

方法很簡單，就把注意力放在呼吸上。放鬆呼吸，感覺呼氣時候的氣感和吸氣時候的氣感。身體的氣感會一直轉換，呼氣和吸氣當然不同。久而久之，每個呼氣之後也會不同，每個吸氣之間也會不同，眼前螢幕會慢慢轉變，呼吸會慢慢變細，氣感會慢慢變得更弱，但是意識會慢慢變得更深沉，身體存在感會慢慢消失。這樣練下去，也是可以入定的。

有時候注意力放在呼吸上，還是無法集中，這時候該如何呢？這時候就可以運用觀想法，想像呼吸聲，搭配著實際體感的呼吸，而不需要很用力的呼吸，把呼吸聲憋出來，這是不需要的，呼吸就自然呼吸就可以。呼吸聲每個人都知道

吧，如果不知道自己的呼吸聲長什麼樣子，可以用力呼吸一兩下子，就可以聽見自己的呼吸聲。如果呼吸聲還是不夠力，雜念還是叢生，那就可以用自我暗示的方式，找一句簡單的力量文字，例如放鬆、鬆靜自然之類的，不一定什麼文字，就是能讓自己把注意力收攝住的文字就可以。

當然也不是只有攝心，也不能只有靠攝心，例如探究觀照某一個強而有力的雜念背後的非語言動機，或者知幻即離，發現自己有雜念，不與雜念認同，雜念是雜念，覺照是覺照。攝心比較適合在飄飄然的微細雜念存在的狀態，就是沒有特定執著的情緒，也沒特別強烈的雜念，就是一堆亂七八糟的雜念亂飛，這種情況比較適合攝心。如果是有強烈的雜念，有強烈情緒的情況下，用攝心力量文字自我暗示，只會造成拉扯更嚴重，拉來拉去，反而更糟糕。

如果攝心能夠跟住呼吸了，氣就會慢慢產生變化，不過，有時候跟太緊，會造成太緊，這時候，可以把呼吸做一個變化。吸氣的時候，不要立刻轉換成吐氣，吐氣之後，也不要立刻轉換成吸氣，感受在吸氣或吐氣的後段，讓身體產生自發轉換。吸氣之後，不用意念轉換成吐氣，而讓身體自發轉換成吐氣，同理，吐氣轉吸氣也是如此。這樣的呼吸法，也可以讓呼吸會比較鬆一點，也在呼吸的同時，有一種覺照產生，觀照是否有主觀意識介入慣性的呼吸。同時也要小心，不要讓主觀意識壓抑了呼氣或吸氣。在不斷的觀照中，讓呼吸自發，也讓氣自發。這樣的練功方式，也是一個階段式而已，並非全部的練功，都用同樣的方式，什麼時候，該有甚麼樣的覺知，有時候是很難判斷的。上述的呼吸

法，也是秉持著鬆靜自然的覺照而已。

還有一種攝心是屬於情感面的攝心，有時候有些深度的情感，不會擾動我們太多的情緒，卻能帶我們進到比較深層的意識層面，這個比較深的意識層面，本身就有比較深的收攝度，進入到這個比較深的層面，就可以比較容易把雜念收攝進來。如何比較這種深淺呢？舉例來說，你看了一部很膚淺的綜藝節目，和你看了一部很令人感動的電影，例如鐵達尼號之類的，你的情緒狀態一定大不相同，這裡面就有一種深度的差異。日常生活當中，有時候太過順利的話，就很容易落入膚淺的表層情緒，少了一份深度的情感，有時候挫折所帶來的失落感，也會給人一種情感的深度，這種深度，也有很強的收攝效果。

第三十六章　無記

　　我最近一直在講內觀的東西，就是要慢慢把這個性功給講得更具體些。禪宗是懂得回頭，內觀是持續性的回頭，內觀有四念處，觀身不淨，觀受是苦，觀心無常，觀法無我。佛陀講的四念處，和我們的練功是一樣的，很多練氣功的人沉迷於色身，沉迷於覺受，因此後面就練不下去了，所以佛陀講觀身不淨，就是我們這個色身不淨，不需要執著。

　　有些丹道修練者的世界觀認為：這個世界有很多神，而這些神會聽到我們利用種種法術所形成的召喚，甚至能夠用文字來召喚借用神明的力量。所以，宗教體系裡面有很多召喚神明的儀式或法會。所以這些人的練法，就是練出任督二脈的氣感之後，用意念驅策氣感。我要說的是：一旦心中形成了神明的信念，就開始走入魔境了。佛陀說過：「如以音色求我，則不能見如來」。那個魔境就是信念迷宮。因為宗教信仰產生的一種幻境，不管神存在與否，只要和這種信念扯上關係，幻境關就會看到一堆神，所以重點不是神是否存在，而是你在你的信念當中放進了甚麼東西。佛陀講的東西就是破除當時印度教的多神論。其實佛陀不講有神也不講無神，他用的是無記這個字眼，也就孔子所說：「子不語怪力亂神」。

　　知道自己在想，就是正覺，不控制，不壓抑，不放縱，看到念頭背後的寧靜覺照，念頭從何而來，想也不對，不想也不對，你就看著這個念頭。不用做甚麼，就是看著。看自

無為丹道

己的思想，像看電影一樣，像看別人的思想一樣。

你練功就是看著自己的氣，這是屬於「色」「受」方面的看，看著自己的思想，這是屬於「想」方面的看，這是想蘊。五蘊：色受想行識。你現在這個是想蘊。所以你這樣練，練到後來，心一鬆，雜念通通消失，就是破除想蘊了。另外要破除想蘊，還有兩個功課要做，一個是釐清信念，第二個是覺照念頭。釐清信念需要做兩件事情，一個是看正念的經典，一個是思考。

原來的宗教體系建立了一個經濟體系，因為有鬼神，所以要求化解，所以要花錢消災解厄，認為那些儀式方法就能夠消災解厄，例如符咒、法會、安太歲、點光明燈。佛陀和歷代祖師教我們的都是心不外求，但是整個大環境都是心外求法。佛陀和祖師講的話沒人聽，就把他們做成佛像貢在桌子上，帶著欲望，想像他們會回應我們的欲望，並認為符咒可以把各種神明召喚來，認為這些神明會接受一張紙的召喚。

佛陀和歷代祖師都是要大家實修，大家想想，他們是實修出來的大成就者，他們是希望大家實修呢？還是整天忙於滿足人們的各種欲望？為什麼人們會這麼單純的認為神就是要滿足人類的欲望呢？我們練丹不相信有神就沒辦法練了，但是神真的像我們想的那樣嗎？所以連佛陀和孔子都回答不出來的問題，我們就不用傷腦筋了。

我們不知道神是怎麼回事，但是我們知道藉由修練可以開發原來就存在自身的寶。我只知道有一條路，這條路不只佛陀在講，歷代丹道祖師在講，印度瑜珈經也同樣在講。他

們都說有一條解脫之道。跟著經典練，確實能夠練到那樣的一條路出來，真實不虛。

　　道可道，非常道。修定是非常重要的基本功。定力差沒關係啊，肯練就會進步了。咱們學烏龜的精神。每天進步一點點，突然有一天回頭一看，進步好多了。

第三十七章　再談覺

　　古代佛陀不睡同一棵樹，表示那時候的出家人都是在森林裡面，沒有住房子裡的。連睡樹下都告訴自己不要睡同一棵樹，為了避免自己執著，這是何等偉大的心靈。我們練覺，要檢查自己的每一分細微的念頭，看見那個最細微藏得最深的自我。

　　我對佛陀是很景仰的，但是我不會到廟裡面去拜佛陀，那個都是假的。我對佛陀的景仰，在於他的思想，和他的所作所為，不在於他的佛像有多大。我唯一買過的佛陀的佛像，就是一張畫，那張畫是為了吊在房間的牆壁上，提醒自己刻苦，學習佛陀。

　　我從佛經看到一條道路，這條路顯而易見，不只在佛經中出現，老子道德經能見，佛教也修四禪八定，《悟真篇》能見，很多經典都能見到。但是很多人都看不見，都在尋找各式各樣的祕法。

　　我看見佛陀很努力的在告訴大家這條路，甚至講到不想講了。佛告須菩提：「凡所有相，皆是虛妄。若見諸相非相，則見如來。」這個講的就是練功的過程中，會出現各種相，只要有相，就不是本來面目。相就是被知，被覺察到的客體，本來面目就是覺。

　　練功到了進階就是要覺悟本體，但是本體是無法被得知的，只要被得知的，被覺察到的，都不是本體。本體是那個能知，能覺察的。「是故須菩提，諸菩薩摩訶薩應如是生清

淨心，不應住色生心，不應住聲香味觸法生心，應無所住而生其心。」清淨心這邊講了，重點在於不住！這是一顆覺照的心，覺照一切的發生，不停留在某個特定的相，這就是我們練功的法則：自然。

真正的氣非寒非熱，而是電流，或腎間動氣，就是整個肚子像長了心臟，砰砰的跳，兩腎發熱，熱到後面，也會冒出來。而練到高階都是要識神隱，要練到能夠收入氣，就是要靠入定。入定就是要靠開悟。不要把縱欲和順其自然混為一談，自己要有自覺，覺察自己的心。老子講的順其自然，絕對不是縱欲。自己在縱欲，自己要知道。我們不是出家人，不是說甚麼欲望都要禁止，不需要過這麼痛苦的日子。但是要有自覺，自覺才是重點，禁欲不是重點。

要去覺照最細微的每一分心念，從其中看見欲望，只要這個看見，就足夠了。例如看到美味的食物，心生歡喜，就要知道那個歡喜的產生來自於哪裡。例如看到俊男美女，心生歡喜，也要去覺察那個歡喜是從哪裡來的，就是要審查自己的最細微的心念，觀心念。

自我感是很狡滑的，自我的具體展現，心念是最細微的，也是最有力量的。但是藉由觀心念，你能夠和自我脫鉤，能夠讓內在的覺性展現。念頭看不清楚，就看七情六欲。你想做甚麼，那個想，就是一個欲，你要知道欲望的生起，欲望的落下，觀其生滅。

問：想是看我為什麼想，還是看什麼？

不是看為什麼想，而是知道欲望的出現和消失，我們時時刻刻都有一堆欲望產生，想要這個想要那個，想到什麼事

情，擔心甚麼事情，這些念頭都是暫時的，來來去去的，不是永恆的。即使是痛苦的情緒，也是暫時的，不會永久持續，除非你一直去激化它，執著它。

念頭出現的時候，你知道念頭出現了，念頭消失的時候，你也知道念頭消失了。有些念頭有比較強烈的內在聲音，你靜下來，可以聽見自我對話。我們常常自己和自己對話，要能夠聽見這些對話，這些雜念。

縱欲就是看不見這些念頭，和這些念頭認同，以為自己就是這些念頭，其實念頭也是相，也是能夠被知的。念頭就如火把，當有材料的時候，火把會一直燃燒，但是覺照會讓火和材料產生一種分離，當材料和火有了距離之後，慢慢的火沒有燃燒的來源，慢慢的就會消滅了。所以覺，能夠讓念頭止息，即使最細微的念頭也是一樣的。

這種覺察，也是一種練法，屬於修性的部分。但是我跟你們說，性命還是得雙修，光只有修性，或者修命，都練不進去，開不了虛空。我們修道的很多人，其實並沒有做到性命雙修，而是偏執於修命，執著在氣動，那個就是修命，氣動當然是要注意沒錯，氣當然要練，因為修命也很重要，但是那個只是一半，只有一半是不行的。

「若以色見我，以音聲求我，是人行邪道，不能見如來。」如來，即本來面目。每個人天生具足，不假外求，越往外求，迷失越遠。有一條路，說不清楚，講不明白，是一個原則性的悟，沒有既定的道路，只有原則。

一定要花時間練，練功需要一種刻苦，悶著頭幹才能開花結果，如果只有聽講，懂了也是沒用，坐而言不如起而

行。無為法這條路，講究悟性，我今天看見了這條路，不見得我走得比較快，如果能夠悟了，很有可能很快的就走在我前面了。

　　練功需要閉塞感官，把所有的感官全部收回，把所有的感官全部放下。需要經常性的捨棄一些在乎的東西，損之又損，捨都是一樣的，人生最難捨的是甚麼？是生命，是親情，是欲望。所謂捨，不是這些東西都不要，而是在練功的時候，這些都要放下。此刻講到這裡，我今天這樣講，我自己也有收穫，我看見一條路，並不表示我時時刻刻就在這條路上，我也常常迷失，無法時時刻刻保持清明。穩定的走在路上，需要靠規律的行，這個就是實修，我們不能光說不練。

第三十八章　回頭

　　真正的修道，很辛苦的，沒那麼輕鬆，因為有欲望。欲望是向外耗散，修道是向內凝神聚氣。向外是輕鬆的，向內是不容易的。凝神是注意力不外散，收回來。一般注意力都是向外的，跟著念頭耗散掉了。凝神和回頭，有點差不多。注意力往內回頭才能有氣，所以叫做凝神聚氣。注意力耗散就沒氣了，所以說自然是要回頭的自然。

　　回頭有層次之分，人是一層一層進去的。一開始注意力回到身體，然後注意力就到身體的感覺了，然後就是鬆心。《太乙金華宗旨》講「回光」，就是讓你如何把自己的注意力向內收回，不要一直往外耗散。你們看佛像的眼睛，眼神都是看著自己的，不是看人的。我們練功也是一樣，如果注意力一直在外面，是沒辦法練得。我們的注意力要放在內在的寧靜，觀心念之起落，觀心，聽息，觀內氣等。

第三十九章　觀照

　　甚麼是觀照？先從聽見自己的心念開始，聽不見自己的心念，內在對話，就什麼也別談了，這是基本功。觀照主要分兩種狀態，當意識是緊的，必得有一個對象可以讓注意力擺放，這時候的觀照是一種狀態，即使如此，依舊不能執著於擺放的對象，這時候要用到的法則是《金剛經》的「應無所住而生其心」，應無所住非無住，而是無所不住，此時對象是動態的，隨時可變。

　　當意識隨著無所住而逐漸鬆解，就不需要將注意力特別擺放於某一對象，此時，只要鬆就好了，即使睡著也無所謂，但事實上，鬆到底會發生幾種現象：

　　一、睡著。

　　二、睡不著，心靈卻無法鬆開，有個隱隱約約的緊卡著。

　　三、身體睡著，元神醒來。

　　當然，我們要的結果是三，但是往往出現的是一或二，不是鬆到睡著，就是有個緊張卡著。沒有觀照，就很容易把練功當中的種種情境，亂想亂套，嚴重的，就會以為自己通靈了，這正是自發功最為人垢病的一個極端，也就是往入魔的方向走了。

　　觀照的方法，很多書都有，網路上都有，買書，查網路就知道了。重點是要練，觀照要練，平常沒事的時候，有事的時候，能練就練，每天練，練個幾年，自然就知道怎麼回

無為丹道

事了。

　　觀照，是一個很常見的修行法，就是自我觀察，不加思考，觀察自己的念頭，動機，身體的感覺，動作，情緒等等一切，這就是觀照。

　　年輕的一代有在看現代思潮的書，例如方智、橡樹林、心靈工坊之類的出版社，這些年輕人對於觀照，並不陌生。可是年長一代的人，如果不看這些書的話，對於觀照，是非常陌生的。而練自發功的人，有很大的一個族群就是退休年長者，這族群練功者比起年輕人更用功、更努力，但是我也發現，這族群的練功者，因為不了解觀照的重要性，所以自發功練來練去，都無法脫離動功型態。不知是否是因為身體老化的緣故，造成濁氣太重，導致無法脫離動功？或是因為思想變得比較僵化了，難以順其自然，因此一直執著於動功階段？因此在這邊再次提出「觀照」的重要性，沒有觀照，就看不見自己的僵化與執著，看不見執著，當然也就活在「慣性」當中，無法真正的「順其自然」，而變成「順其不自然」了。這樣練，當然也就無法產生自發功真正的威力，從而產生深度演化了，這真是非常的可惜。

第四十章　覺知情緒

對情緒的覺知，能帶來分離。但是要真正脫離情緒的影響，通心氣是唯一的路。練透，鬆透，自然會通。練的時間要夠長。剛開始大火，後面要悶，悶要悶很久，裡面才能熟透。練功像煮飯，所以古人用爐鼎、火候，這種名詞來解釋。

為了脫離情緒的掌控，佛道實修是最有效的。身心同時下手，身不離心，心不離身，性命雙修，修心也是修身，修身也是修心。很多人把修心定義成觀念想法，但是只有改變觀念，身體聞風不動，是無法處理情緒的。情緒是有實質的能量存在。濃重的情緒，是會累積在身體，長期會形成內臟的疾病。不是觀念就能處理的，只有把路打通，才能把情緒能量釋放出來。

第四十一章　明心見性

明心見性，有幾個鑒別標準。

第一，看明心過程中的入定是否識神隱元神顯。

第二，看是否渡過幻境關。

第三，看明心之後所見的光的型態是否為陽生型態的光，而非氣功態的光。

第四，看是否明白「識」和「覺」在入定前後的轉變

上述都具備，才能產生正知見，所以知見是否正確，也能鑒別是否真明心見性。也有些人自我感覺良好，自認入定見光，但是卻不具備正知見。那我們就可以知道，他那個境是有問題的。

第四十二章　什麼是幻

　　練功的過程當中，所有一切無關的幻境，要全部當成是假的。不要把一些現象，做過度的解釋，認為有神有鬼有天眼。甚麼都沒有，有的只是你無窮無盡的幻覺。必須把一切顛倒夢想，全部放下，徹底死心。否則將永遠卡在幻境關，無窮無盡的幻境。《圓覺經》講：「知幻即離，離幻即覺。善男子，知幻即離，不作方便，離幻即覺，亦無漸次。」知幻，是整個練功過程中最困難的一個部分。會卡關，通常都是不知幻。

　　每個人所遇到的幻境都不同。幻境不見得就是練功當中所出現的影像，或者聲音。幻境就是一種執念。練功當中出現的影像聲音，那個只是屬於行蘊，行陰的部分，是一種陰氣比較輕的現象。看見自己的執念是最困難的。所以在練功當中，我們只要看見自己的執念，不用特別去做一個甚麼動作，去放下這個執念。在日常生活中也是如此。時時刻刻看見自己的執念，不迷失在執念當中，這是很困難的一種練法。

　　因為離了幻，幻的後面還有幻，你以為你離了，那個以為，本身就是一個幻。我們練功，整個過程都在離幻。甚麼是幻？你可以給它下一個廣泛的定義：就是生滅的現象。所有一切生滅的現象都是幻。你能夠掌握這個知幻即離的心法，你就能夠一路從外動、內動、入定練到虛空。

甚至你也能看得見，虛空還是一個境，虛空還是一個生滅。虛空的後面還有：空無邊處定，識無邊處定，無所有處定，非想非非想處定。虛空境是在空無邊處定這樣的一個層次。後面還有三個層次的空定，但是實質上的內容是甚麼，查不到資料。真正練到虛空這邊的那些人，沒人願意像我這樣寫東西。這或許是時代的關係，我們活在一個不用講話，光靠打字，就能接觸人群的時代。如果要我在一群人面前講這些，我也不願意，人氣的濁，就把我嚇跑了。

要真的理解幻境是甚麼，就必須有一個相對的沒有幻覺的境，兩相比較之下，才能夠知道甚麼是幻覺。基本上，人在幻覺之中，是不知道自己身處幻境的，只有發現了自己身處幻境，才能夠脫離幻覺，這就是知幻即離。

這就陷入了一個語言文字上的矛盾，既然身處幻覺之中無法覺知幻覺，又如何發現身處幻覺呢？這個時候，就得用一心三觀來解釋，才能解釋這個邏輯上矛盾，但是實務上卻不矛盾的現象。觀照，包含中觀，還有空觀，假觀，我不敢說我懂標準佛法上的解釋，但是用的時候，卻是可以用的。練功的時候，會有個東西，或者現象，可供觀察，基本上這個可供觀察的現象，能夠被知的現象，就是幻。連所謂的空境，也是感覺上的空，這個能夠被感覺的空境，也是幻境。只要記得，所有可以被知的，都是幻，就可以了。幻有各種型式，各種層次。影像的幻，只是其中一種。能夠被覺知的境，就是一種幻。有了這個認知，在練功的時候，能夠被感知的境，都是幻。有這個觀念，就有假觀了。

持續觀照後，會發現境會變，粗鈍的不見了，變成更細微的境。原來粗鈍的不見了，是因為我們知道它不見了，當我們在粗鈍的境之前，是不覺得有粗鈍的境存在的。是因為發現了粗鈍的境存在，然後知幻即離，能量慢慢消退之後，粗鈍的境消失了，才能夠知道，原來之前有一個粗鈍的境。

說了廣義的幻，現在來說狹義的幻，狹義的幻，指的就是練功當中看見的影像，或聽見的聲音，稱為幻聽幻覺。在通心輪的過程當中，心輪到了一個很鬆的程度，鬆無可鬆，意識幾乎消失的霎那，很容易會浮現影像，這是常見的狹義的幻。這種幻，在氣進不去內層的時候，不會出現。在氣已經通過內層某個點的時候，也不會出現。只有在極度鬆的情況下，正要過關的霎那，才會出現。也就是說，本來是塞的，現在要打通的霎那間，會很容易出現影像，這是心輪的一個特徵。

這種出現的影像，有個特徵，秀一下，又立刻消失了。如果秀很久，還不消失，有兩個可能性：

一、能量執著的力量很強，所以要消化的時間比較長。

二、持續給予相信的力量，相信此影像之真實性。此信念即不知幻，反信幻，不知幻，如何離幻呢？當然影像會重複出現，並延續很久。

行蘊階段，就是不斷的發現自己的心黏住一個東西，這被黏住的，不見得是念頭，是一個抓不到、摸不著、感覺不到、沒有念頭，說不出來是甚麼的一股力量，這股力量就是讓我們的心習慣於抓住某個東西。只要能覺察到這個力量，

放開來，就能開始入定了，這就是幻的一種變化。隨著氣越走越深，幻就越變越虛無縹緲，幻絕對不可能只有停留在氣感，氣感只是幻的一種化身，如果能夠做到真正的中觀，會發現幻一路都在變。有些人以為幻只有身體，那他就執著在身體。有些人以為幻的層次只有到氣感，那他就執著在氣感。幻的面貌絕對不只如此，佛陀說得很清楚，一層一層，越來越細，只是我們的心不夠細，看不懂佛陀所說的。

第四十三章　幻境的產生

　　幻境的產生，是因為濁陰之氣深藏於五臟，可沒有那麼容易說丟就丟。不要把幻境看得太虛幻了，被幻境兩個字所騙，幻境可不是不存在的，幻境是真實存在的濁陰之氣。

　　五臟的濁陰之氣，化解的過程當中，會越變越清靈，最後一個清靈的現象，就變成了幻境了。過程中還有很多別的一起產生，不是只有幻境而已。如果是實修，就會在過程當中，出現很多別的，幻境只是其中一個現象而已。

　　我們的練法，對幻境的出現都有心理準備，這樣遇到真正的幻境出現，就不會受迷惑了。我以前不知道幻境關那麼難過關，真是看了太久了，啥東西都有，後來搞清楚，很快就過關了。

　　所以佛陀說的知幻即離，離幻即覺，真是非常的重要，不知幻，就會造成離不了幻，無法產生真正的覺。知道是幻，要脫離，就很快了。知道是幻境，幻境就會自己消失了。如果消失不了，就繼續看，就會慢慢消失了。

第四十四章　為什麼要知幻

　　所有一切，能被感知的「境」，都是幻。例如練功會重複某一個動作，這就是迷於幻境而不自知。觀照才能知道自己哪邊卡住了，才能知道自己執著在哪個地方，從而釋放執著的能量，才能夠繼續演化，否則就會一直停留在同樣的狀態，無法自拔。

　　知幻之後，就無幻了嗎？不是。幻有各式各樣的幻，各種層次的幻，離了比較粗鈍的幻，更精細的幻會接著升起，一層一層往裡面深入進去。特別是在靜功階段，常常已經沒有動作了，也沒有氣感了，這時候怎麼辦？一定是有些地方卡住了，習慣於目前的「境」了，沒有發現目前的「境」，也是某一種形式的「幻」。

　　觀照的動作，能「知」幻，知幻才能產生分離的現象，才能與幻分離，與目前的「境」分離，才能進一步的演化下去。覺知到「幻」，就能馬上分離嗎？要看情況，如果是比較粗鈍能量的幻，沒那麼快，得消耗上一段時間，只要不要繼續貫注當初賦予在上面的執著能量，持續觀照練功，慢慢的就會消耗掉。如果是比較精細能量的幻，會比較快感受到分離的感受，但是大多仍會有一番起落，才會慢慢消退。練功沒有神氣合一，放空任由意念騁馳，造成能量上的流失，則無法藉由神氣合一而轉化。

問：假如不知道，它就會持續很久，對嗎？

答：對！

問：謝謝老師解惑。之前我還在思考這個問題：是要看，還是要離？糾結這個裡面的有爲和無爲。

答：知道就是離了，知道就會自動離。所以你如果動了一個要離的念頭，幻境就會產生一個離的幻境，然後就又跑出另外的幻境。所以知幻即離如果沒練好，你就會做出一種夢，就是夢中夢，很有意思。你如果動了一個要看的念頭，你要看的那個幻境，就會開始產生變化，你要看的影像會變得更清楚。更清楚然後又開始產生變化。所以不管是看還是離，都是念頭，都還是會讓你繼續陷入幻境當中。

問：那就是說，我們要視而不見咯？

答：不是，你要知。知道，覺知。不壓抑不放縱。不管是壓抑還是放縱都是雜念，只有覺知才是正念。覺，中觀，貫穿了整個練功。沒有這個，就沒辦法從自發功練成丹道了。

問：是不是刻意的視而不見，放鬆，任它來去就好了，這樣對嗎？

答：對！路還很長，幻境要消化很久的，接下來會很有意思。正確的方向很簡單，就是跨越貪念就行了，外面的人爲什麼練不好，就是貪。心外求法就是貪。各式各樣的貪念。貪的角度不同，所採取的行動也會不同。所以我常說，錯的有千奇百怪，對的，只有一條，佛陀在《法華經》當中也說了「一佛乘」，眞

正能成佛的路就一條而已。

問：以前說的那些丹道經典：《悟真篇》，《樂育堂語錄》，都提到虛空真景，提到的是不是都一樣？

答：你最近在出幻境，你要注意，對於別人的功態太過注意，會變成幻境喔。每個人講的真景使用的文字都不一樣。有一種偏差的練法，就是去想像別人的功態，這種練法就是冥想。一直想像別人的功景，就會產生幻境，有些人就把這種情況也稱之為成就，千萬要小心，別讓自己落入這種幻境當中。

問：不知道，容易有未知的恐懼。知道了，容易造成心理預期。

答：對，所以修練也是一種心理戰。

第四十五章　真與幻

　　我在群裡講了很多實修的東西，但是有一個部分是幾乎沒講，就是思想的部分。

　　我年輕的時候花很多時間在思想的尋找，直到毫無疑問，確定我要找的答案必須藉由實修才能達到之後，我就放下對思想的尋找，專注在實修上了，很少提到思想。但這並不表示思想就不重要。未經整理的思想，很容易搖動，並且難以理解實修背後的支撐思想，且很容易被世俗之事拖著走。

　　看不見世間之事的無常，這樣實修就無法持續，很容易被物質化。以世俗之事為實，以道為虛假，這樣就難以支撐長時間的實修了。若能見世事之虛幻無常，又怎麼可能放不下呢？能見世事之虛幻無常，但還是能以假修真，而不因為認定世事無常，就因而放棄世事存在之事實，能存於幻，而不迷於幻，以幻修真，這樣才能腳踏實地。雖說是修道，依然是腳踏實地的活著，不搞怪力亂神。直心是道場，自然能見道之所在。

　　棄幻，無法得真。迷於幻，也無法得真。只有進入幻，知幻，才能得真。縱欲，壓抑，皆無法解脫。只有覺照，道才能出現。但是這並非意味著實修的過程中，都必須保持意識的清醒。很多人以為覺照就是保持意識的清醒，因而將打坐昏沉視之為大惡，此乃又是另一種偏差，並非覺照之真義。覺照乃是知幻，並非維持識神之清醒。相反的，識神之

浮沉顯隱，必須順其自然。我們要練的是知幻，而不是撐住識神。這裡非常緊要，這裡搞錯了，一輩子都練不成。

第四十六章　幻覺與真景有何差別

　　練功當中會看到種種景象，有的是意識種子當中的幻覺，有的是生理性的真景，如何區別其中的差異呢？最大的區別點就是意識狀態。所以要對自己的意識狀態有所覺知，不能針對幻覺內容來做判別。如果我們看到有人針對幻覺內容做判別，就說你開天眼，或者說你看到前世之類的，我們可以知道，這個人在吹牛。基於人性當中虛榮心，有些人會選擇相信這樣的說詞，如此一來，就無法做到知幻即離，離幻即覺，對於未來的功態，有很大的阻礙。

　　剛開始對於真景和幻覺無法區別的話，可以通通記錄下來，日子久了，就會慢慢清楚了。通常光是真景，影像是幻覺，但是影像也有真景的，這類真景還需要更多證據，才有辦法做歸納。以我現在來看，光是真景，影像都是幻境。但是有些光卻異常清晰，有相當細緻的花紋，不見得光就是模糊一整團像電燈似的光，真景光有些屬於複雜的幾何圖案，有些光則是人體的投影光，有著人眼、人體光。真景是透過松果體看見的生物光，幻境是在大腦當中產生的影像。

第四十七章　如何過幻境關

　　看到幻境是因為內臟的陰氣重，還有心理因素也會造成幻境。有強烈宗教信仰的人，有強烈鬼神價值觀的人，有累積情緒的人，比較容易出現幻境。只要是六識都是幻境，緣六識所生都是幻境。廣義而言，一切都是幻境，但是狹義而言，幻境指的是欲界定。欲界定會看到一堆影像，聲音做夢，半夢半醒，醒著做夢等等，很多現象。你去看人家說的出陰神，那些都是幻境。

　　一般來說，過了欲界定就不太會做夢了，如果要過幻境，心裡想的，一定要整理清楚，要能做到如實觀。自然是順空性，不是順後天欲望，順欲望是沉淪，不是道，看得見自己的欲望才是剛開始，看不見就糟了。

　　練功最後一關是能放鬆自我意識，才有辦法入手，所以要看得見自我意識的種種作用。看不見，就是未開悟，所以說要穿越幻境，要處理這個問題——開悟的問題。本性是找不到的，被找到的都不是。你只能找到後天的作用，然後放下後天的作用。看見後天作用，不是強求，而是覺照，一顆清明的心才能看得到，所以說要整理自己的心，而不是順從後天欲望。

　　就是觀察自己的念頭，如此而已。對自己的心念要清楚，對自己最細微的想法清楚，知道這個想法從那裡來的，時時刻刻做這樣的觀察，才能不失本心。不是只有短暫的觀察，而是在每個當下做觀察，當失去覺照觀察的心，也要儘

快發現，對自己的起心動念清楚，這樣才能過幻境關。

心要練，練心。當你對起心動念清楚，有了這個習慣，幻境關就不是問題。幻境都是心造的，對己心清楚，就不受惑。當失去覺照觀察的心，也要儘快發現，對自己的起心動念清楚，這樣才能過幻境關。

問：如果在環境中，不知道自己在幻境中，怎麼覺照呢？

答：覺照是平常就要練的，像現在講話，就可以練。隨時想到隨時練，最好能練到時時刻刻都有覺。

問：我有時一覺，覺之前的念頭就停了？

答：是的。

問：這樣平時沒法做事？

答：照做。想到就練，忙了丟失覺了，就算了，丟失就丟失了，不用後悔，也不用自責。忙的時候只能覺知最表層的，就是身體的存在感，或者氣感。

問：有時覺得覺照好像有點刻意，就像有個意識一直在監控大腦，看有沒有念頭出來。這樣不是您說的無為覺照吧？

答：我們的意識不是向內就是向外，你不讓它向內，它就是向外，它還是一樣在運作，不會因為你向外了，它就不運作了。你不能把向外稱為是無為，把向內稱為是刻意。我們修道就是逆反欲望，不順從欲望，回光。所以有些人就在這個節骨眼誤解了無為，把無為當成是縱欲了，順從向外的欲望。這種向外投

射的心，不是無爲，而是縱欲。我們的修練不壓抑不縱欲。

用意是有為沒錯，不用意是無為沒錯。問題是：當你在表層意識存在的時候，不管你用不用意，你的意都在運作，不會因為你不向內，它就停止運作了。所以你要讓你的識神停止運作，你得一步一步的收回來。不練的話，都是妄心作祟，沉溺幻境，無法得真知。人都是這樣，練了才能清楚。你追求幻境，就會停在幻境，不是一直在幻境，是你追求幻境，就會出現幻境，你以為那是功能。你追求氣感，但那是濁氣造成的氣感，你追求的功能，就是所謂的幻境。不是說你不想就不是幻境，你有追求功能的動機，動機和念頭不一樣。你去「用」真氣，就是追求氣感。你這個帶動的動機，就是追求氣感。自覺，就是知道就好，不去「用」。保持覺知，不「用」氣。

第四十八章　頑空

　　關於幻，就是知幻即離，離幻即覺。不過到了欲界定的知幻即離，要小心，因為一個不小心，就練成了「遇幻即壓」，看到幻境就壓下去，如果這樣練，就會練成了頑空。這是很微細的狀態，很難說得清楚，自己要去揣摩。

　　頑空就是念頭慢慢止息了，呼吸慢慢微細了，也有可能變成所謂的只有肚子輕微的呼吸，搞不懂的人，可能就會以為這就是胎息了。身體也有可能會消失，但是就是一顆頭醒醒的，這樣練就不對了。入定一定有一個空間的打開，意識的乍然轉換，一定有一個突發性的轉換，絕對不是慢慢止息，這是和頑空最大的區別，一定要分清楚。太多人在這個關節眼練錯了。

第四十九章　無為丹道的陰陽

　　我們練的無為法，從動功、靜功、定功到虛空，都能用無為法練。大道至簡，卻包羅萬象。講究鬆靜自然，覺照，應無所住而生其心，知幻即離，真空妙有。要讓現象自己發生，不以後天意識干涉，識神隱而元神顯。真正的道，至簡至要。從無限大，到無限小，都能見道。其中陰陽至關重要，陽極生陰，陰極生陽。自發功的陰陽，我已經反覆講過很多次了，我看過很多人練自發功，但是大多練陽不練陰。什麼叫做練陽不練陰？就是只練動，不練靜，自發動，動完之後，就收功回家去了，沒有讓自己練透。

　　什麼叫做練透？我們練功要練透，很多人問我什麼是練透。陽極生陰，陰極生陽，就是練透。動功屬陽，不管是內動或外動。那陰是什麼呢？識神隱就是陰，氣入五臟就是陰。太多修道的人，從頭到尾，根本沒有搞懂什麼是陰。氣入五臟，入定，恍惚，識神隱，講的都是同一個現象，就是陰。五臟是我們人體最深層的部分，必須是意識跟著沉到很深很深的地方，才能到得了。

　　什麼叫做意識潛得很深呢？就像我們每天晚上睡覺，那個就是了，像睡覺一樣；魂歸肝，氣歸五臟，這就是氣入陰了。所以剛開始練功，一定要練到不動之後，入恍惚，入睡，那是最好的了；也就是動完之後，立刻找個地方，小睡一下，睡到自然醒，這樣效果是最好的。這樣子練，就是自發功初期的練法，順從陰陽，陽極生陰，陰極生陽，這是最

開始的練法。因此，請大家在練功的時候，務必注意到陰陽，必須要練透，才能夠氣入陰，才能夠順隨陰陽。

　　練功必有陰陽，但懂陰的人太少了，都是只練陽不練陰。陰陽缺一不可，孤陽不長，獨陰不生。只有練陽，是傳統丹道最大的錯。不是因為練陽錯，而是錯在「只」練陽，沒搞懂什麼是陰。《心經》講五蘊皆空，五蘊就是陰。練陽不練陰，就無法化陰，當然也無法入虛空。

第五十章　入陰化陰

　　練功氣至頭頂，怎麼辦？無為法，講究鬆靜自然。既然頭昏，就停在頭昏，不要抗拒，讓頭昏到極點，這就是標準的入陰。錯誤的丹法，把氣往下導，意守下丹，錯失入陰化陰的機會，因此練不出真正的虛空。無為法鬆靜自然，既然昏，昏到極點，陰極生陽，才能化陰，才能一步步開頭頂、開心氣、開虛空。

　　化陰到一個程度，頭頂就開了，然後再練，心又開了，再繼續，虛空就開了。練到開心氣的時候，曼陀羅（mandala）就會開始出現，你到那個地方，就知道自己練對了。

第五十一章　佛家三界四禪之對應

　　道家修練，先陽後陰。這個陰陽練到一個程度，會分成四個階段。

　　第一階段，動功。包含動作和如靜電電流的內氣。這個階段如果進入恍惚，通常是比較昏沉，屬於欲界範圍。

　　第二個階段，鉛氣光。進入色界定，屬於初禪階段。這是屬於烏肝黍米的範圍，下玄關階段。這個階段，有覺有識，雜念很少，注意力可以被氣固定住，即置心一處的階段。

　　第三個階段，開心氣階段。開始進入二禪。體感是心氣突然一鬆，就打開中玄關了。兔髓的月亮在這個階段，黑洞也是，瑤池也是。這個階段無念有覺，識還在，很清楚，心竅鬆開的感覺非常舒服。

　　第四個階段，進入溫養，有覺無識。進入三禪、四禪階段。外界的聲音基本上聽不見了，身體睡著了，但是自己覺得自己是醒著，有時候會聽到自己打呼。前面第一第二階段，屬陽，後面兩階段屬陰。

　　這四個階段，會重複發生，直到你很清楚的感覺到，真的有四個很明確劃分的階段。之後進入無色界定，自此開始金丹的演化，進入佛家的十地，再一地一地慢慢演化上去，直到開始進入虛空凝聚真人演化階段。

第五十二章　與傳統丹道次第之對應

　　我們定義的百日築基，十月懷胎，三年哺乳，九年面壁和傳統丹道不同。築基：就是從沒氣感，練到有氣感。懷胎：這個胎就是玄關竅，下玄關，所以大概十個月就能產生下玄竅的鉛氣光。哺乳：就是氣入心化陰，三年是差不多的。面壁：就是化陰後入虛空，需要九年的功夫，才能養出真人。如果練對，這時間差不多是這樣的。這個胎，就是玄關竅，開始中脈有一個光的空間出現了，化陰之後，產生一陽生演化，後來就會變成開虛空。

第五十三章　什麼是氣功態

　　氣功態分兩層：外動和內動。外動就是自發動，內動就是內在流轉的熱流電流光流。通常熱流屬於腑的層次，會在體內三焦流轉，三焦氣會在體內漲縮發熱周流。如果是電流感，就會很明顯地感覺到繞行任督。而且練到電流感也很容易出光感，通常也會看到烏肝兔髓黍米。

　　把所有的功態走一次，不是用意念導引，是用自然演化的方式讓氣自然地走，我們就會很清楚這些層次了。所以才請大家千萬不要用後天意念導引，也不要用有為法練，因為那樣是練不出層次的，必須要用無為法自然演化，才能夠很實在的走過所有的層次。

　　一般使用後天意念去干涉導引，用有為法去練的，通常都是在內動氣，來來回回都在這個層次而已。這樣的練法，和丹經佛經教我們的非常不同，丹經佛經不是教我們用某些方法在某一個層次一直重複練習，而是類似像我們這樣，以無為的方式，自然產生演化，產生層次，產生進化。各位瞭解我們的說法之後，再去看丹經佛經，就會非常的清楚了。

第五十四章　什麼是入定

很多人都搞不清楚入定是怎麼回事，入定和動功具有同樣的性質，也是有層次，而層次也是演化出來的，只要做到真正的應無所住而生其心，功態就會不斷的產生變化，從動功一路演化成靜功，再演化成定功。

而每個層次，動功，靜功，定功，都會有很複雜的演化，定功的四禪八定，就是演化出來的。只要各位掌握演化自然之道，經年累月堅持練下去，就能夠知道佛陀所講的真正的四禪八定到底是怎麼回事。

入定，道家講就是歸爐，歸爐烹煉，不是真的刻意去歸爐。練功的時候，眼睛一閉，就開第一層的玄關；過了一會，氣入心，開第二層玄關；這時候就入定了，身體就消失了，呼吸也沒了，自我感也沒了。

入定之後的出定那個霎那，周圍的聲音就會出現，有一種浮現感覺，本來是沒聲音的，一出定，聲音就冒出來了，比較像睡覺，只是睡覺是完全昏沉。入定是看五臟的情況，五臟濁氣少點，就比較清醒，五臟濁氣多點，就比較昏沉，如果五臟濁氣都沒了，那就又到另外一個層次，虛空定了。

練到後面一定要恍惚，別撐的醒醒的，恍惚緲冥半睡半醒，隨便你怎麼說，睡著了，也無所謂。一定要先睡，才能產生真正的入定態。每天都練到入定，才有可能練出大丹，大丹定中成。

黍米丹就是一粒光點，那個是小丹，是練大丹的材料，
重點就是入定。

第五十五章　外不動之後，如何入定

　　入定並不是一個目標，不是一個要努力的目標，雖然在語言文字上來看，確實如此，但是在實務操作上，並非如此。如果在練習的過程中，想著有一個目標，這個目標是入定，然後將自己的身體調整成所謂的入定的話，這樣的入定，並非入定。所以最好改成以放鬆為主，可是放鬆也很容易陷入這樣的思維，很容易就把放鬆當成一個目標。放鬆不是一個目標，而是放下所有一切的思維，鬆開一切，但是如果想像有「一切」可以被鬆開，然後在身體到處搜尋這個「一切」，那又錯了。

　　丹道的用語「沐浴」也蠻實用的，就像洗澡一樣，洗掉一身的雜質，剩下乾淨的身體，用什麼洗呢？洗澡當然用水洗，練功則用清淨的意念和呼吸來洗。練功的初步，如果中脈當中的脈動已經固定了，氣不再到處游離，通常一開始會以下丹田的脈動為開始，氣已經固定在這邊了，就可以開始沐浴。清淨的意念並不是抓住一個感覺，例如抓住身上的氣感不放，這個並不是清淨的意念。這時還有一念，在「沐浴」的過程中，一切是不斷的鬆開，而鬆開的方式並不是找一個目標去鬆開，因為這個找的動作本身，就足以造成目標的存在。當然，一開始比較緊的時候，還是有找目標去鬆開的動作，但是鬆到最後，必須連這個找目標的動作，都必須鬆開。如果沒有把這個找目標的動作鬆開，則會不斷的產生目標，讓你這個找目標的心來找，這就是幻了。知幻即離，

離幻即覺，直到離無可離。如果你發現你始終無法放掉這最後一念，這時候就是該看《圓覺經》的時候了。這最後一念，就是我們的注意力，注意力像相機似的，可以對焦，可以模糊，可以廣角，可以遠攝等等，注意力的焦距可以對內，可以對外，可以緊縮，可以擴大，可以清晰，可以模糊。

剛開始要鬆開注意力的時候，必須採用「模糊」方式，才能鬆開。也就是說不能很清醒的、很精準的對準某一個焦點，這樣子是無法鬆開注意力的。清醒精準的對焦，這是置心一處，這不是入定。模糊擴大注意力，才能鬆開注意力，這才是入定。而在模糊擴大注意力之前，必須先清醒精準對焦，不是對焦於身體的某一處，而是把注意力與氣感對焦，不令注意力外洩為雜念。有了一個與氣感對焦的注意力，才能把注意力模糊鬆開。不能在注意力尚未與氣感對焦之前，就把注意力鬆開，這樣會造成注意力無法集中於入定，反而轉向外，跑到雜念，造成神火外洩。

第五十六章　再論如何入定

　　要入定，一定要甚麼都放下，能夠覺照自己的起心動念，不執著於自己的形象。入定的重點不在於姿勢，在於意識狀態，否則佛經丹經就一直講姿勢就好。但是你看真正的丹經，沒人講姿勢的，都是講狀態的，甚至有的丹經還講明了，行住坐臥皆可練。不是說坐著不好，而是說不要執著甚麼姿勢，坐著、躺著、站著、動著、即使奔跑，不管甚麼姿勢，你練功的時候，甚麼姿勢都要放得開，姿勢是末梢的，是配合氣出現的。

　　剛開始要入定必須靠兩種氣，一種是腎間動氣，一種是呼吸的氣。腎間動氣是在身體下半身，有時候甚至全身，會感覺到一股很強的脈動感，像心跳，又像大鼓，陣陣的強烈脈動，有規律的。這脈動大的時候，是全身性的，非局部性的，從內到外，都有感覺，整個人變成一個大脈動。

　　呼吸的氣，顧名思義，就是呼吸。呼吸要放鬆，鬆到底，鬆到好像忘記呼吸了，讓身體自己去呼吸，事實上你是有觀呼吸，但是你不控制呼吸。身體要吸氣就讓它吸，身體不吸氣，你就等著，身體要呼吸，就讓它呼，身體不呼氣，你也等著，不要用意念，去控制呼吸。

　　呼吸鬆到底之後，會產生一種鬆的下沉感，加上腎間動氣，兩者合在一起，就會產生轉化意識的力量。腎間動氣會慢慢消失，意識會慢慢下沉，到了某一個極限，就會突然有一個變化，就是開玄關。玄關一開，眼前就會突然變化，靄

那間的變化，意識馬上轉進入定態，識神隱退，元神出現。

　　剛開始，心輪如果很塞的話，元神一出現，就立刻會昏了過去，昏睡。隨著心輪的慢慢打通，元神能醒的時間，越來越長。心輪的雜質慢慢清乾淨之後，元神就可以保持比較長時間的清醒。但是元神的清醒，和我們平常表層意識的識神清醒非常不同。元神的聽覺會不同，聽覺是聽不清楚的，甚至是聽不見外界聲音的，沒有念頭的，沒有語言能力的，沒有身體知覺感的。所有的對外界的感官能力全部關閉了，只有一個覺照，能覺知一個內在的空曠，但是連可以驅動的意識都停了。

第五十七章　入定的時機

　　入定的時機主要是氣不再游離移動，氣已經安定下來，就是入定的時候。如果有固定在中脈的脈動之氣，主要是在腎間動氣，就可以腎間動氣為基礎入定。如果沒有產生固定在中脈的動氣，而身體的氣也靜下來了，沒有任何動靜了，也感到昏昏欲睡，這時候就讓身體睡一睡，不要收功。

　　如果身體的氣還在游離，還在到處亂跑，這種情況，是比較難入定的。除非心念能夠很快的放下一切，而當心念放下一切之後，當然氣也會隨之穩定下來，也就不會產生游離移動的狀態。

　　如果氣還在動，心念也在動，表示這不是入定的時機，應順隨自然讓身體動個夠，自然氣會穩定下來。坊間有些靜坐班，一坐就要定，就以定為目標，這是不對的，心念還在動，身體的氣也不通，這是不可能入定的，頂多只能置心一處而已，這個狀態，很多人會誤以為是入定，其實那個可以移動的心念還是在的，只是不動而已。

第五十八章　入靜與入定的差別

　　因為有人一直搞不清楚甚麼是入靜？甚麼是入定？硬要把入靜說成是入定，所以只好把林教授搬出來。

　　請看《自發功》P.295：「入定不只是入靜程度上的深層化，而且還跨入不同的境界。……從量變而質變，飛躍到另一個境界，另一種不同的狀態。……有些人甚至靜坐了幾十年也不曾入定過。」《自發功》P.296「忘我的入定狀態還不夠深，不夠徹底，還要進一步達到禪定。所謂禪定是一種意識非常清淨的狀態，清淨到能夠見到本心本性。」林教授對於入定講了一個初階的階段，並沒有很深入的探討，這在他自己的《自發功》一書說得非常明白。「這九種定境的內容……不擬在此詳談，有興趣者，請直接參閱……」教授就列了三本延伸閱讀。另外在 P.302 也講了一些道家佛家的東西，我們看教授引用的最後一本是甚麼？就是《圓覺經》。我們看看倒數第二句是甚麼？「知幻即離，不作方便，離幻即覺，亦無漸次。」教授的書本怎麼說的，請看清楚吧！入靜和入定差在哪裡？就差在行蘊。

　　如果你真的練到入定，行蘊是甚麼，你一定清楚，絕對不會不清不楚。因為這就是我執的一個大關卡，當然不是最後一個關卡，而是從這邊才開始進入意識轉換的狀態。越練到裡面，我執就越來越細，都是沒有念頭的世界，都是意識的世界，這是非常難以言喻的狀態，只要自己練到了，回頭再看看別人有沒有練到，一清二楚。

我絕對不是隨便說說，只希望更多人練到這邊，來驗證我說過的話，絕對不是開玩笑，歡迎大家一起練出來，一起來證明。教授的書很明顯的表達了一個觀點：自發功主要講的是氣功態，但是自發功繼續練下去是可以到達入定態的。而教授對於入定態並沒有詳細描述，只是大約提一下，然後引用一些道家佛家的書本，請大家自行去延伸閱讀。所以我們要知道這個重點，這個重點是：教授對於入定態沒有很詳細的說明。另外一個重點是：入定態絕對不只有教授書本上提到的那些，教授也從來沒有說過入定態只有他書本上說的那些，反而，教授的書很清楚的給大家指引了一個方向，就是佛道兩家的經典。

　　某些練自發功的人，完全不看經典，就抱著教授書本最後那幾頁對入定態粗淺的描述，就認為那是入定態的全部，這已經是一種對自發功完全的誤解了。入定態是非常深的狀態，那已經是另外一種迥異於氣功態的世界了。佛陀講《大般若經》講了 22 年，講的都是入定態，這絕對不是開玩笑，入定態就是這麼難講，因為太深了，能練進去是非常困難的。

　　我們要練入定態最大的敵人就是自己，尤其是面子，能不能放下面子，放下我執，決定著你能不能入定。而這只是第一步而已，後面還有更多東西要熬。

　　越練會越感覺裡面越深，已經看不到底了，覺得練了半天，還是在門口，氣功態就像是在庭院走，入定態就像是到房子裡了。甚麼是玄關？這就很清楚了，玄關只是剛進房子，還站在換鞋子的地方，根本還沒到客廳啊！這是一個大

關卡，非常非常大的關卡。希望更多人能夠踩進去，不要執著在氣功態，也不要執著在入靜，繼續練進去吧。

　　入定是一種質變，有入定種種身心狀態的轉換特徵，沒有那些特徵，就不要自欺欺人。老年人練功，或是身體有病的人練功，進度是非常慢的，必須要有這個認知，不要以為氣往上蒸，停了之後，就是入定了，其實這離入定還非常遙遠。年輕人練功，要練到這個氣往上蒸，其實往往沒幾個月就可以練到了。我們要知道，我們練了 30 年，可能別人練個 3 個月就練到了。自發功就是這麼現實，不見得練了 30 年，就比練 3 個月的強多少，所以自發功重點在於建立自己的正確的觀念。入定是有許多明確的特徵，是一種獨特的身心理現象，不是「認為」或者「覺得」入定就是入定了。要能入定，一定要有能區分真與幻的客觀觀察能力，沒有這個能力，對於內在身心理特徵，糊裡糊塗搞不清楚，就很容易當成靈異現象，以為自己通靈了。

第五十九章　三界與入定態

　　入定態，有三種層次，即佛家謂之三界，分別是欲界定，色界定，無色界定。欲界定的特色就是帶有幻境。色界定就是所謂的初禪二禪三禪四禪。依次修習此四禪，最後即到達無色界的四空定，即空無邊處定、識無邊處定、無所有處定、非想非非想處定，也即虛空態。欲界用內觀練，練出欲界定，改用中觀練，練出色界定之後，進入空性，改用空觀練，才能更進一步產生無色界定。

　　鉛汞合狀態之欲界定和呼吸很有關系，當然也不能只有呼吸，不過很明顯的就是呼吸的改變，呼吸抓到了訣竅，加上心理上的鬆解，就能進入欲界定。主要作用點在於中脈呼吸，深處呼吸。

　　而色界定則和心輪的開解有很大的關係，進入欲界定（鉛汞合）之後，雖然比較鬆了，但是體感還是有的，意識還是有的，必須開解心輪之後，才會出現很明顯的玄關現象，才會出現體外虛空。因此出現體外虛空就是進入無色界了。

　　可以這樣說，欲界定產生，進入色界，色界定產生，進入無色界，無色界定產生，金丹就開始凝結了。欲界-->欲界定-->色界-->色界定-->無色界-->無色界定-->金丹-->真人佛土。欲界定產生之後，進入色界，必須要認知這並不是究極之定，而仍需以中觀，開解心輪，進入無色界。而進入無色界之後，體外虛空在眼前展開，必須認知到此非究極之

定，而仍需以空觀，開解頭丹田，進入無色界定。進入無色界定，就開始凝結金丹，若能練到這裡，才有點滋味。否則都在欲界打滾，僅在「色受想」三蘊打滾，這樣練，是很浪費時間的。

我之前以為欲界定就是看到幻影之處，其實有對也有錯。看到幻影必在欲界，因為心輪還沒開解，所以心輪濁氣沖出來的幻影會很多。因此，幻影的確是在欲界定看到，可是欲界定未必指的就是幻影之處，而是幻影會出現在欲界定的狀態。欲界定不見得有幻影，當心輪的濁氣沒有沖出消解的時候，就沒有幻影。

再把欲界，欲界定，色界做一個更清楚的描述。欲界：當我們練功的時候，身體有種種的紛擾，各種的感覺，各種的念頭紛飛，這就是欲界。欲界定：當呼吸變成中脈深層呼吸，把念頭給定住了，紛飛的雜念頓時消失，身體內部頓時感到鬆解，這是一個轉瞬間發生的現象，而這個轉瞬間發生的現象，在這邊稱為欲界定。

色界：欲界定發生之後，會停留在這種狀態，可以停留很久很久，這個狀態，就稱為色界。這個狀態，紛飛念頭沒有，可是念頭仍是可以運作的，只是那種不受控制的念頭完全不見了，只剩下可受控制的念頭。呼吸也非常的微弱，微弱到幾乎沒有了，只剩下身體的深處，一點點幾乎沒有呼吸的呼吸。這個狀態，有可受控制的念頭，有體感，聽得見外界的聲音。色界定：色界定發生之後，體感會完全消失，自我意識幾乎消失，沒有任何念頭，沒有任何內在對話，出現體外虛空，仍有一個可以感受體外虛空存在的淡淡自我感，

外界聲音完全消失，聽不見，這是一個非常清楚的分界點，如果你還聽得見外界的聲音，還有內在對話，你的入定就是欲界定。如果外界的聲音完全消失，內外完全的寂靜，這就是色界定，也就是脈解心開。

無色界：色界定發生之後，就進入無色界，會停留在體外虛空很久很久，無體感很久很久，內外寂靜很久很久，直到能量再次升起，進入無色界定。

問題來了，這幾種界和定，會自動轉化嗎？重點就在於意識狀態，你的意識狀態是僵固的，則轉化無法發生，你的意識狀態是流動的，轉化會發生。而意識狀態，其慣性則是僵固的，不要以為你的意識狀態天生就是流動的，原來的慣性非常的僵化，沒有經過特殊的觀照，則無法鬆解開來，除非天生異稟。

因此，意識狀態的調整，就牽涉到所謂的「悟」了。

第一層悟：就是悟到內觀，懂得將注意力由外界，回收到身體，甚至是身體的覺受。

第二層悟：就是悟到中觀，懂得將注意力不落兩邊，不落有無，而能夠看透分離有無兩邊的那條界線，看見那條界線，看見有無之區隔，就能穿透生活現實之虛幻性，而能夠進入內在實相之真實性。

第三層悟：空觀。色界定發生之後，就進入無色界，也就是道家講的虛空玄關一竅。進入這裡時，不能有自我意識，只要停留在此就行了。這是一種養氣的作用，養先天真一之氣，氣養足了，自然能夠破關，出現虛空光，例如三花聚頂、圓月、結胎出真人。嚴格來說，欲界定不算真正的入

定，在道家只算鉛汞合。必須從開解心輪之後，進入無色界，開啟體外虛空，入玄關，才是真正的入定。

註：這是早期我個人的定義，此時的欲界定等於初禪，色界
　　定等於四禪。

第六十章　四禪定的修習

　　四禪即色界定的修習。初禪練到極致，會產生喜悅感，並且能夠很輕鬆的就能專注在功態上。二禪就是開始開中丹玄關，但是能持續的時間不長。初禪要進入二禪的時候，有一段時間很怕吵，吵到的話，心臟會很不舒服。要入二禪，則必須要把覺照放下。初禪已經是氣機很穩固了，也就是陽生到了極點，開始要轉入陰。入陰成功，就入二禪了。所以二禪以覺觀為主，就是要文火，要放下那個後天的注意力。一般練功者，有內氣的現象，就是入初禪了。但是要從初禪到二禪，就不容易了，因為不容易放下那個自我意識。

　　剛開始放下自我意識的時候，都會睡著。如果是因為初禪陽生到了極點，然後自然轉入陰，自然入杳冥恍惚，這樣的一種過程所造成的睡著，那麼那個睡著，就和晚上的睡著是不一樣的，因為是有氣從外層往內層走進去的，那樣的睡著，是一種入定態。經常這樣子練，久了，就能夠把陰氣消除。

　　初禪到二禪這裡是個大關卡，二禪進不去，就通通卡在欲界定，不是在初禪，不然就是在欲界定，來來回回，太多人都是如此。太多人，卡在欲界定，把欲界定的現象，當成虛空玄關竅。

　　二禪三禪四禪只是程度上的差別，重點就是在二禪，二禪一進，中丹玄關一開，後面的路就是跟著這樣走而已。入二禪最重要的就是要陰氣消融到一個程度才會產生二禪。現

在很多人練功，最大的一個問題，就是沒有練消融陰氣的這個部分。只有練陽極，練到陽極，後面就不練了，陽極後面還有生陰呢！要讓氣能夠入陰，能夠入恍惚杳冥。

　　剛開始陰氣很重，入恍惚杳冥，一個很明顯的現象就是睡，而且還邊睡邊做夢，做夢做得亂七八糟。哎呀，甚麼夢都有啊，這個時期一定要撐過去，不要想說我這個夢就是清明夢，就是神佛來指示。一但有這種想法，你一入欲界，就開始集中注意力在夢境，這下子就糟了，沒有做到知幻即離，而是沉溺幻境了。不過沉溺幻境也沒甚麼，反正沒練的人也是沉溺幻境。在幻境之後，會開第二道玄關，中丹玄關，然後入四禪定，穿過四禪定，才能開虛空玄關。

第六十一章　頑空和真空的差別

　　之前寫了一篇入靜和入定的區別，感覺還是不夠，所以這篇把措詞再更明確些，直接點名頑空和真空的不同。頑空最大的特色就是：念頭慢慢止息，內心一片清淨，意識清醒，無恍惚，停留在此狀態，良久良久，沒有任何氣感變化。呼吸很淡，就在肚子內部輕微的呼吸，不知道的人，會以為這就是胎息。

　　真空最大特色就是：色（受想行識）空轉化。所有的一切幻，來自色也好，受也好，想行識都是如此，不管這些幻，起於何階段，經過覺照，都可以將這些能量，從幻，轉成空。所以有一個非常明顯的突發性的轉換。最明顯的就出現在行識蘊階段，兩者一轉，玄關（明顯的體外空間）立現。出定後，氣感異常強烈。入定時，身體消失，不要說呼吸感了，甚麼都消失了，入定前會出現的脈動感，也會在漸漸入定的過程中消失，所有一切，包含內外在感官，都會逐一消失。入定前有恍惚現象。

　　《心經》花了這麼多篇幅講五蘊和色空轉換，講的絕對不是概念，而是一種「現象」，沒有這種現象，就不是正定。這個東西寫出來，是要得罪一票人的，這票人有哪些？到處都有，只要練入定的，百分之九十九點九的人，絕對都入過頑空定。我自己有沒有？當然有啦！常常就會這樣，這是只要一個不小心，控制欲稍微強一點，沒有放鬆到底，馬上就頑空給你看。如果自己知道是頑空定那就還好，繼續鬆

下去就好了，大不了休息一下先不要練嘛！

最麻煩的就是不但不知道，還認為這就是正定，更麻煩的一種就是：不但自己不知道，還教別人這是正定，超麻煩的是：有一大票人相信他說的，認為這種就是正定。唉！人家佛陀不是說了嗎？《心經》不是到處都有嗎？「色即是空，空即是色」，絕對不是哲學觀念，百分之百是入定態現象，唉！這種現象，就跟現在溫病派當道一樣，一堆人都在吃補藥，卻補出一堆毛病一樣，謬論當道。你也可以把我講的當成謬論，但是請你先兩種都試過，然後再來告訴我，我講的是謬論。

上面講了頑空和真空的現象差異：色空轉化。而造成此差異就是：心無罣礙。把身心鬆到底了，甚麼都放下了，連想要控制呼吸的欲望也放下了，連想要控制的心也放下了，甚麼都放下了，放到無可再放，鬆到無可再鬆，反觀覺照，無可覺照處，連想要覺照的心也放下了……這個心無罣礙，就是造成頑空和真空的差異點。

會練成頑空的人，就是沒有把重點放在心無罣礙，而是把重點放在置心一處，例如放在鼻頭、呼吸、身體的某個部位等等。這樣練是不對的，置心一處那是剛開始，把心擺在升起的幻，看幻是甚麼，心就放在這裡，覺照放鬆而已，而不是把心鎖在特定的地方。如果幻在身體的動作，當然就放在動作，如果幻在情緒，當然就放情緒，在氣感就放氣感，在執著力，就鬆開執著力。鬆開執著力，要把心念鬆到底，就像一塊很重的鉛塊一樣，往下沉，鬆到底。心無罣礙也不是把心虛虛的擺在半空中，讓它飛雜念，這樣也不對，要去

覺照這些雜念，承認這些雜念的存在，覺照，放鬆，轉化。

要入定有一個關鍵，要承認那片混沌的存在，不去壓抑那片混沌，混沌中妄念輕飄飄的飛著，意識很淡，很多人在這個階段，就走錯了，強迫讓自己意識清醒，壓下妄念，之後就進入一種死寂，這就徹底的錯了。《心經》不是說了，「諸法空相，不垢不淨」。這話要這樣看，諸法不垢，空相也不淨。不要認為諸法是污穢的，也不要認為空相是清淨的。不要有這種想法。有了這種想法，這就是分別心，就會對眼前的妄念，產生一種壓抑，如此一來，就無法容忍眼前妄念的存在，而產生一種下意識的壓抑，這樣的壓抑，會讓自己進入一種無念的死寂狀態，無任何演化發生的死寂狀態，這就是頑空定。

入定態的出現，不是妄念的止息，而是妄念清淡到了極點之後，覺性水到渠成，自然爆發出來，自發轉換成空相，這才是真正的入定態。空相和自我感來自同一個能量源頭，這個能量如果沒有花費在自我感，自然就會因為覺照，而自發轉換成空相，也就是空間感。

這就是一個觀念的偏差所造成的，不分別不是對於人世間產生一種鄉愿的態度，好壞不分，而是對於自己的妄念不認為妄念是罪惡的。妄念也是一種能量，看著它，承認這些妄念的存在，淡淡的覺照，最後連刻意的覺照也放開，只剩下一個很淡很淡的知道而已，淡到無可再淡，入定態的空相就會瞬間爆發出來。

這就是心法，是誰說自發功只有在練身體？我第一個不同意，你練身體能練到這裡嗎？我百分之百不相信。重點強

調：對妄念的對治法，決定了這兩條分歧的道路。覺照妄念的存在，不壓抑妄念的產生，耐心等待空性的自發產生。

　　頑空和真空另外有一個可以分別的點：鉛汞合。真空會有鉛汞合的現象產生，頑空則沒有。真空會有階段性的跳躍改變，頑空則沒有。要知道自己有沒有練錯，這邊可以是一個檢查點。如果發現自己練錯了，練到頑空去了，對治的方法，還是得從觀照念頭下手。要練真空，觀照絕對是跑不掉的，沒有搞清楚什麼是觀照，很容易就練錯練到頑空去。

　　頑空和真空還有一個極大的差異點：就是「真覺」的產生。頑空沒有真覺的產生，真空則有真覺的產生。真覺是什麼？當然是「非」真覺止息了之後，就會產生「真」覺。所以要知道什麼是「真」覺，就得先知道什麼是「非」真覺。非真覺就是幻。幻是什麼？就是《心經》講的「五受陰」：色受想行識。最難的就是「識」，沒有搞懂「識」為五受陰之最後一個關卡，就無法得到「真」覺。簡而言之，頑空定就是沒有放開五受陰之「識」，真空定就是放開了五受陰之「識」。這個識就是表層自我意識的「識」。

　　如何知道表層自我意識的「識」？最簡單的方法就是睡覺，每天睡覺一定得表層自我意識止息，才能睡著，如果表層意識運作，就不是睡覺。而睡覺和入定有何不同？睡覺表層意識止息，而真覺也沒有出現，就是睡著了。入定就是表層意識止息，而真覺出現了。因此，入定一霎那會像睡著一樣，表層意識會產生一個入睡的作用，但是入睡的霎那，真覺又立刻覺醒，所以那個狀態非常的特別，那樣的狀態才是入定，才能產生後續的真空妙有的變化。所以如果「識」沒

有止息，只是念頭慢慢止息，就把這樣當成入定，恐怕練上一輩子，那些經典上真空妙有的情況，一個也不會發生，這就是所謂的頑空定。

　　要知道自己入的是頑空或是真空，有一個很清楚的判別方法：頑空定之後醒來，身體沒什麼氣感。真空定之後醒來，全身滿滿的都是氣感，跳動、麻電等等，隨著意識的浮起，很強的氣感馬上浮現出來。你要是不清楚自己到底是頑空定還是真空定，你就用意識浮起的霎那來作判斷，有很強的氣感出現，就是真空，沒有什麼氣感，就是頑空。那種意識浮起霎那所出現的氣感，是非常的強烈，明顯的。

　　頑空最大的特色就是：念頭慢慢止息，內心一片清淨，意識清醒，無恍惚，停留在此狀態，良久良久，沒有任何氣感變化。呼吸很淡，就在肚子內部輕微的呼吸，不知道的人，會以為這就是胎息。入了胎息，還是沒入定，這是有可能發生的，而且很容易發生，只要觀呼吸的時候，把鬆靜自然擺在呼吸的前面，以觀呼吸為優先，而非以鬆靜自然為優先，就會產生這種頑空效應。頑空沒有開玄關，真空有開玄關，頑空沒有通心竅，真空有通心竅。頑空看起來沒念頭，其實還有自我感，真空已經識神隱，元神現。所以頑空是識神，真空是元神。頑空是後天，真空是先天。

第六十二章　什麼是虛空態

　　入定態分成四禪定和四空定。四禪定屬於色界，四空定屬於無色界，四空定就是虛空態。無色界就是開虛空的入定態，一到了無色界，各種內景就會出現，黃庭、霜飛、曼陀羅、圓月、結胎、陽神、都在無色界。四禪定就是已經識神隱元神顯，但是仍有陰氣，所以沒有像虛空態四空定那麼清醒。

　　虛空態如果穩定，很快就能結胎。結胎之後，根據《參同契》，結胎稱為陰神，出來稱為陽神。《參同契》對於陰神陽神的定義和現代丹法差異很大，和後面的丹經的定義也不相同。

　　陰陽如果指的是識神的陰陽，那麼虛空態沒有陰陽。虛空態識神隱之後不會昏睡，是因為元神顯了。陰盡陽純，所以是昭明，昏久自昭明。欲界幻境，色界開心竅，無色界才是我們要到的地方，能到無色界，一切就都清楚了。上丹玄關，圓形的曼荼羅，沒有斷欲，是上不去的。要開虛空是要禁欲的。

　　開虛空之前的一個階段，黍米丹會一直冒出來，眼睛一閉上，幾秒鐘很快就出來了。但是到了快要開虛空的節骨眼，氣都入心了，心都開了大半了，這個黍米丹的現象，就不見了，無影無蹤。而且虛空也不是一開就永遠開著，可能開了一次，以後就不再開，也是有的。要看氣的狀況，氣的狀況好，才能打得開，氣的狀況不好，就打不開。虛空就是

氣通到一個臨界點，量變產生質變，才能打開虛空。就像是下雨，雲裡面帶有水氣，但是不見得下雨，必須累積到一個程度，才突然下起雨來。

第六十三章　玄關是甚麼

　　玄關現象一直在演化，除了瞬間轉換意識這個大原則不變之外，其他的都在變，隨著階段的不同，玄關的樣子都不太一樣。剛開始玄關一打開，會看到光的流轉，這是最初的層次，也就是出現光的地方。而中期通心輪的某個階段，會看到眼前就是一個不動的白霧圓光散開，但是一陣子之後白霧光又沒了，只剩下眼前突然一個空間打開，而且每次都不太一樣。

　　深層的玄關就是一個大鬆開，鬆到底了，一個很大的鬆開，意識馬上一變，變到另外一種狀態，也就是識神隱退，元神出現的狀態。會很明顯的感覺到平常的淺層意識睡著了，而另外一個覺照的意識突然醒了過來，所以會有突然一昏，然後又立刻一醒的感覺。而這個一醒的醒，又和表層意識的那種醒不一樣。

　　所以這個元神覺照意識的一醒之後，就入定了。入定之後，如果受到干擾，被外界環境干擾，或者被自己的執著力量干擾，就會被擠出定，被擠出定，會有另外一種醒來，那種醒來，就是表層意識的醒來。所以會有兩種意識的轉換，非常清楚的轉換，而從識神意識轉換到元神意識的霎那間，會有景象產生，就是真正的玄關現象。

　　此時如果心輪很塞，心藏神，心塞了，神就不明，所以識神一昏，元神被陰氣遮蔽，醒不過來，就會非常非常的昏，這時候怎麼辦呢？不能怎麼辦，就讓它昏吧！昏就是一

種深度的休息，深度的心輪清理，等它清乾淨，就會醒過來。

　　心念慢慢止息不是正定，是頑空定，請大家小心，搞清楚玄關的景象，有玄關出現，才是正定。玄關會在最後的識蘊轉化後才會出現，之前的幾關會出現初級玄關的景象，但是真正明顯的爆開來，是出現在識蘊轉化之後的。

　　識蘊就是我執已經全然放下了，才能夠轉化。所以說，不要練就一個口頭禪，真正的面對自己的我執吧！必須有一段時間，能夠真正做到我執全然放下，才是真正的放下，其他時間，只是在想蘊的狀態下，並非真正的完全放下。

　　玄關就是識神隱退，元神出現的霎那。換句話說，識蘊轉成空相的霎那，這個轉換的霎那就是了。而這個打開的空間，若能撐住，一切的修練，就都在這個空間。開玄關一定有虛室生白的現象，如果把玄關解釋成眉心輪的發癢或者相關的動作，那是大大的離譜的錯，錯到不能再錯，百分之百的錯。玄關之所以命名為玄關，就表示玄關不在身體上，而是氣到了，才會打開的一個現象。直接把玄關指成眉心輪，我們知道，他根本就沒有開玄關。我們的練法是以入先天為主。精氣神是用來入先天的材料，開啟虛空的材料，不是直接用精氣在任督繞行聚氣。

第六十四章　玄關一竅

　　玄關一竅是怎麼回事呢？舉例來說，一攤水不動，表面是平坦的，就是我們氣機未發動的樣子，這灘水，因為某種情況，形成一種漩渦，這個漩渦就是玄關一竅。這個漩渦會一直改變。改變型態，雖然它始終是個漩渦，但是剛開始這個漩渦所帶動的水，很髒很濁，但是一直轉到最後，漩渦的水會變得很清澈，甚至變成沒有水，只有空氣中的漩渦流。甚至也沒有空氣了，只剩下空間中的光電漩渦流。甚至也沒有光電漩渦流，變成黑洞漩渦了。

　　所以對一個沒有練的人來說，他是沒有玄關一竅的。對一個剛練的人來說，他的水雖然有波動，開始動了，但是還是沒有形成一個漩渦，所以他沒有玄關一竅。所以玄關一竅並不是一個門，一開始就存在，等著你去找到打開，並不是這種情況，它是一個能量漩渦，必須要達到一個臨界值才會產生這個漩渦。而這個漩渦，方向是跟水一樣，跟洗衣機裡面的水一樣的。

　　而轉任督的小周天的方向，和茶壺裡面的水的方向是一樣的，是上下循環的熱對流。所以玄關一竅和小周天轉的方向不一樣。所以小周天是一種升降的熱對流，玄關一竅是漩渦。

　　各位應該聽過量子力學，量子力學顛覆了牛頓力學，讓我們知道這個世界沒有真正的物質。所謂的物質，是在某一個範圍的觀察點才能存在，其背後真正的存在不是物質，而

是能量。而能量的連結是很強的,強到很難去打破這個連結。但是經由修練,我們產生玄關一竅這樣的漩渦,經由這個漩渦,我們可以轉化這個連結,轉化色身,從色受想行識,欲界色界,一直練到無色界。到了無色界,就非常的神奇了,已經不是牛頓力學的影響範圍。

小周天是熱對流,但是玄關一竅不是熱對流,而是底部有能量來源攪動,像洗衣機一樣,這個底部的能量就是所謂的拙火。拙火並不是熱對流,所以很多人說拙火會發熱,把拙火和小周天混為一談,那是錯的。

所以瑜珈會說拙火的起點是海底輪的靈蛇啟動了。我們看大自然甚麼情況會形成漩渦——颱風、龍捲風、海水、河水。也不是甚麼底部有東西在攪動,而是一種動能的能量差所造成的。是甚麼情況讓我們的身體產生這種能量差的漩渦?中脈是甚麼?就是這個漩渦的核心,有點像是颱風眼,周圍是颱風,核心變成了晴朗的天氣,無風無雨。

我沒學過電磁學,但是我相信電磁學應該也有漩渦。由雙腳旋轉所帶動的左右脈漩渦,是最粗淺的漩渦,也是最重要的漩渦。練到某個地方,一攝心,張著眼睛,就在眼前形成一個漩渦。例如本來看著是普通草地,但是一攝心,草地就變成一個大漩渦。所以玄關一竅的產生,是因為某種原因,產生一種動能差,這種動能差形成了漩渦。

第六十五章　如何開玄關

　　練功要練到睡，睡要睡到飽。陽極生陰，那個陰就是睡，陽就是動，然後要練到陰極生陽。第二個陽，就是睡到醒。每次練功練到睡，然後又睡到自然醒。因為五臟氣不足，一定要靠睡，睡得不夠，怎麼練都過不了。那個睡，一定要先練動功，然後練到睡，又睡到醒。練到某個程度，陰氣化解乾淨，就會產生身體睡著了，但是裡面卻是醒著的現象。練到這個地方，通常玄關就已經開始打開了。

第六十六章　下玄關

　　下玄關，就是外層經脈全通了，就差不多可以開下玄關了。下玄關有個特性，不用太深，也不用識神隱，就是往那個眼前虛空一擺，注意力灌注在裡面，氣就出來了。但是如果時候不到，會練成守上丹。所以，還是不能跳著練，時間到，自己會出現開下玄關的現象。

　　下玄關不能用位置去找，一找位置就錯了，因為下玄是氣機作用才會出現。就是烏肝，兔髓，黍米會出現之所在。不是身體的位置，注意力不能放身體。如果練對，要出玄關很快；練錯，就很難出。要從動練到自然變成靜，即使睡著都無所謂。千萬不要一開始就打坐，一刻意打坐，把動靜分開來，你就搞不清楚怎麼自然演化。練對，什麼姿勢都能開玄關，一執著打坐姿勢，就完蛋了。

第六十七章　中玄關

　　中玄關是大關卡，要穿過一層很厚的迷障，就是五臟陰氣，幾乎每個人都是卡在這邊。下丹田玄關開完的後段，會入中丹，會有一種恍惚，但是這種恍惚不是虛無，虛無還要更後面。虛無是在中丹打通，氣入骨髓過三關之後，才會發生的。真正的虛無沒幾個人練得出來。

　　中玄就是玄關第二層，入心氣，本來有感覺，中玄一開，突然沒感覺了。眼耳鼻舌身意，都突然沒了，識神隱，只剩下元神。這一層要注意的是，練透，鬆。每次練透，五臟陰氣就穿透一點點，久了就能穿透。昏沉是此階段最常見的功態，此階段必須消耗大量的時間在昏沉上，才有可能穿透。不肯花時間在昏沉上，是穿不透的。

　　很多人一輩子也不懂什麼是心藏神，以為古人無知，認為心藏神講的是大腦的功能。其實《黃帝內經》講的心藏神，就是識神隱之後的元神顯，心藏神的神，就是元神。元神顯的作用區都在心，識神隱過程中會出現心臟疲累昏沉，一旦元神顯，這些昏沉霎那消失。我們可以看到西藏的虹光身的畫像，作用區都在心，是有所本的。

第六十八章　虛空玄關竅

　　最後一關發動的時候，不是從會陰，是從高一點的地方，兩腎發動，直接衝上頭裡面，然後就打開虛空玄關竅。那個就真的是很清楚有一個打開的感覺。本來悶悶濁濁的，突然一下子開了一個空間。空間很清朗，有時候清朗到，還可以感覺有個牆壁，有界限，那就是氣場乾淨所產生的空間，本來很濁，氣上來，一下子乾淨了。

第六十九章　三個玄關之不同

　　玄關是現象一個突發性的轉變。上中下開玄關的不一樣
在於：清濁不同，氣的作用不同。下丹自我仍在，中丹自我
消失。所以要開悟，為的是要看見自我，才能讓自我消失。
沒開悟分不清有沒有自我。要從覺察念頭練起，有沒有自我
是關鍵，有自我，就練不了金丹。《心經》講「五蘊皆空」
最後一蘊就是識，自我意識。這關跨不過去就開不了虛空。
　　覺察念頭，可讓自我和本性產生分離，平常生活有自
我，但是要能覺察自我的存在。練功時知道自我存在，就要
一直鬆，鬆靜自然的底線就是鬆開自我。

第七十章　什麼是通中脈

　　陽氣不足，容易造成脊椎氣不通，三關堵塞，因此必須躺著才能開玄關。但是如果陽氣足，脊椎通，就可以坐著開玄關，如果夠熟練，走路跑步也能開玄關。

　　脊椎的三關系統和中脈的電磁場系統是不同的系統，脊椎的通暢與否關係到能否坐著練，中脈的通暢與否關係到能否開玄關。脊椎可單練陽氣打通，脊椎系統是督脈，後督前任，這是搬運法的路線。中脈不能單練身體氣脈，必須收心鬆心，以鬆靜自然為原則，方能打通，和脊椎任督系統以後天意念即能打通的現象完全不同。所以我們練就是兩個系統都要練，不能單練任督系統，中脈系統也得練，這樣才能開玄關，玄關能否打開與否，完全取之於中脈系統。

　　如何打開中脈系統，也是大家要走的主要路線，至於任督系統就是練身體，把身體練通，任督自然就通。任督以練命為主，中脈只能靠性命雙修。

　　中脈最大的關卡在心，心打通了，就能入定，所以《心經》講的就是入定態。心氣全部打通之後，才叫通中脈，開頭頂不叫通中脈，只是通中脈的開始。要入虛空，中脈一定要通，而左右脈塞住，中脈也是通不了的。

第七十一章　如何開啟中脈

　　思考這個議題，主要是因為自發功邁向丹經的驗証都在開啟中脈發生之後，因此，對於中脈的開啟或許應該著墨更多，讓更多人產生開啟中脈的驗證。開啟中脈主要就是開啟心輪，心輪是中脈開啟的最後一關，心輪一開，中脈就開了，一些經書上的驗証就會陸陸續續產生，不會只有動作和氣感繞來繞去而已。

　　開啟中脈最重要就是要清楚入定態。搞清楚什麼是入定態，如何進入定態，都是非常重要的。第一個謬誤是：有些派別認為用導引的方法，認為可以打通中脈。這是絕對不可能的，只要用意識導引，百分之百不可能打通中脈，看到有人教導用「導引方法」要開啟中脈，就要趕快走人了。這個謬誤通常見於搬運法。

　　第二個謬誤是：搞錯入定態的真意。入定態一定是體感消失，就算沒有全部消失，也是消失得差不多了，剩下一點點而已。有些人認為：氣機定住不動，沒有雜念，就是入定態。這是大謬誤，意識清楚，外界的聲音清楚，體感清楚，絕對不是入定態，這個謬誤通常見於搬運法。

　　第三個謬誤：意守很重要，呼吸很重要，可是該怎麼意守，該怎麼呼吸，就相當分歧了。最常見的就是所謂的意守下丹，而搬運法的三丹田位置，各家定義相當不同，下丹認為是肚臍下小腹內，中丹認為是肚臍上，有的認為中丹是膻中，上丹爭議較小在頭部。

認為把注意力鎖在小腹，讓小腹發熱，熱氣上升，就可以打開中脈，此法個人相當懷疑，從沒聽過有誰這樣練成功過的。或許是個人見識太過狹隘，不過針對在網路上找到的資料，支持此派練法的人，大多一付神秘兮兮的模樣，動不動就說「密法」，說穿了，這些所謂的「密法」就是導引法。而此派支持者神秘兮兮的賣弄密法，滿口驗證，卻從沒見過誰有真正的開啟中脈的徵像出現。從來沒有看過鎖定小腹加熱的人，能夠練出丹經上面的種種象徵，只有看到無限的熱氣跑來跑去，永無止境。

謬誤四：有不少人認為頭頂有氣息出入就是開啟中脈。以前我也以為是這樣，後來發現不對，頭頂有氣息出入，心輪還是塞的，頭頂只是外層氣轉入內層氣的轉換點。打開頭頂穴道不用很深的入定態，只要常常練到睡著，把頭頂濁氣清光，就可以開啟了，可是開啟心輪就不是那麼一回事了。頭頂穴道沒有打開，中脈是不可能開啟的，中脈的開啟始於頭頂穴道，結束於心輪開啟。心輪開啟後，就進入第二階段，也就是結道胎階段，此階段必有非常清晰的內景，清楚得像３Ｄ影像，如果沒有，就別說自己中脈開啟。

第七十二章　開心竅

　　開心竅，就是開中脈，就是開始虛空的歷程。每次出現都會產生演化，最後才會出現真人菩薩，心竅是玄關的第二層與第三層。玄關第一層就是烏肝，但是因為濁氣還很多，所以出的是複雜幾何。繼續練下去，複雜幾何可能會凝結成單純幾何，這是虛空光的特性，能量不足，它就分裂成無限多，能量夠了，它就凝聚成一個，像是全相投影。開心竅的過程，現象太多了。所以誰跟我說，他那些開心竅的過程都沒有，一下子就甚麼皓月之類的，我直覺就認為，這個人只有氣功態的兔髓程度而已。開心竅是漫長的歷程，經常要耗費許多年；開心竅還會經歷幻境，看起來就跟真的一樣。這關沒幾個人過得了，特別是鬼神觀念極重的人。幻境關和價值觀息息相關。價值觀清明，有科學客觀觀察精神的人，比較好過關。信仰體系很堅定的人，這邊大概都卡死了，很難過得去。有如實觀的人，過幻境關，輕輕鬆鬆。怪力亂神觀念者，一旦開始進入幻境關，就出不來了。

　　開心竅在欲界，幻境很多。我看了很多年，才慢慢沒了。白光也是開心竅的光。開心竅的光和下玄關的光不一樣。下玄中玄都有白光，所以只講內景，不講歷程，就無法判斷是下玄還是中玄。佛教的卍字，就是開心竅過程當中一定會看到的，而且是動態的。幻境過就是入心，氣入心就有入定態，剛開始就很像睡覺，我在這關睡了兩年多，一練就睡，幾秒鐘內就能睡著，一天能練十幾個小時，就能睡十幾

個小時。

以鬆為根本，呼吸鬆開後，只剩內呼吸，內呼吸鼓動鉛氣，一會後，入恍惚、開心氣，心有好幾個竅，開心氣會一一去各竅通。入心氣前躺下練，比較練得進去。該睡還是要睡，不能刻意去避免，練功該甚麼動作就甚麼動作，身體的氣會告訴你要出現甚麼動作，不需要刻意，你用腦筋去想說甚麼最好，都是不對的。應無所住而生其心。那如果躺地板上睡過去了，那整夜就都睡地板了。我會睡到半夜，爬起來回床上繼續睡，曾經也跪著跪到睡著，醒過來，那個姿勢還是跪著。

開心竅就是開虛室的過程，心竅全清，虛室就開了。所謂虛室生白就是虛空玄關竅開啟的過程。虛室就是虛空，有空間，心竅開的過程，空間會越來越清朗。這個空間就是上次講的，類似颱風眼，電磁場的漩渦。虛室必然由入定態而生，沒有入定態就不可能有虛室，沒虛室就不能結金丹真人，只能有黍米。

第七十三章　打通了心竅之後，就不會塞回來嗎？

通了之後，還會再塞回來，只是曾經打通，要再重新打通，會比較容易，心輪是如此，頭頂穴道如此，旋轉也是如此，所有的經脈都是一樣。

問：塞回來之後，還是從心輪通嗎？注意力要放心輪嗎？

答：從哪邊通，這就難說了。如果搞不清楚到底從哪邊練起，最保險的方法，從零開始練起，就站著練囉，練到身體自然不動了，身體會自然拉下來坐下。所以每次有人問我練到哪裡，我很難講，因為進進退退的，不好說，而且他也不知道自發功的架構分類，我要用什麼分類跟他講？

第七十四章　心藏神

　　肝藏魂，肺藏魄，心藏神，脾藏意，腎藏志。人體的深淺層次，經絡為表，臟腑為裡。魂魄神意志比五臟更深，屬於神氣的層次，比肉體層次更精細。心藏神，藏的就是元神。心氣開，元神即顯，中脈就通了，三田就能開始往返。搬運法用意念搬運的，都不是三田往返，只是氣在三焦體腔的運行。真正的三田往返，必須是開心竅，通中脈之後。開心竅之後，才有中丹田，心竅不開，就沒有中丹田的存在。

　　丹道對文字的影響很深，三魂七魄、魂飛魄散、三花聚頂、心神不寧、心領神會等等。神，這個概念，是很難傳達的。不是神仙的神，是心藏神的神，元神、識神，是覺的本體。中國人都是陰陽思想，識神為陰，元神為陽，陰盡陽純，才能成就陽神。

第七十五章　凝神入氣穴

　　玄關開竅，則可凝神入氣穴，這個氣穴指的就是玄關竅。因此，玄關未開竅，無氣穴可凝，刻意強行凝神則容易造成氣結，引發疾病。故世人以為凝神入氣穴之氣穴乃是腹部呼吸之所，實乃一大謬誤。

第七十六章　次第

　　動能、熱能、電能、光能、烏肝、兔髓、黍米、欲界、色界、無色界、霜飛、蓮花、圓月、結胎、白骨、真人。動功、靜功、熱流、電流、光流、開下玄關、胎息、下丹田氣動、小周天、氣入心、開中玄關、識神隱、元神顯、開上玄關、虛空、虛空光、金鋼鍊、卍字、白雪、霜飛、曼陀羅、三花、圓月、陽神、胎仙。

　　無為法從零練起，讓氣從最表層開始，也就是經絡層次，外在展現出來的就是動功。經絡層次的氣機發起點，就是從腳開始，所以無為法如果心態正確，真的做到鬆靜自然，會從腳的氣機開始發動。腳的氣機是由腎氣發動，會從督脈開始，因此剛開始通常會前後晃動，晃到一個程度，後退的幅度會遠大於前進的幅度，然後就會開始各種後退繞圈的現象出現。這些現象前提是心態正確，當然心態如果沒有掌握好，一味的干涉，那出來的氣機反應，就不一定了，看干涉的狀況而定。

　　腳的氣機走完之後，就會往上，開始走手的氣機，通常是大迴轉。手腳大的氣機走完之後，就開始走複合氣路，手腳並用，這時候就會像跳舞，或是太極拳，八卦掌之類的。複合氣路大的氣機走完之後，就會開始走小的氣機，例如手印，身印之類的，這時候也會開始走其他更內在的氣路，例如電流、光流、恍惚。

這些更細的氣機，電流光流恍惚，就是氣開始入頭內了，此時也會出現頭內部的通道，氣機會在頭內部鑽出各種通道，鑽到一個程度，鑽通了，頭頂、額頭、後腦勺，就會開三個竅，頭頂的竅有很多個，全開的話，就成了一個大約二十公分直徑的大竅。

繼續再練，就得靠天分了，接下來氣機就入心，沒有天分的人，沒有悟到無為精神的人，入心就成了大關卡了，所謂練心，指的就是這裡。但是在網路社群裡面，很多人常常叫別人練心，成了一種氾濫的指責他人的用語，我個人認為這些會講出叫別人練心這種話的人，相當沒有素質。

真正懂得練心的人，不會指著別人，叫別人練心，自己卻盲目得連什麼是練心都一無所知。懂得練心的人，在心竅這關，就可以順利地打開，因為他懂得心無罣礙，放下一切，鬆開心裡的結。而心胸狹隘的人，是不知道如何放開心中的結的，因此長期處在一種心胸繃緊的狀態，連如何鬆心都不知道。鬆心靠的就是自覺，沒有自覺，就別想鬆心，會指責別人練心的人就是不懂得自覺，如果懂得自覺的人，這種話是說不出口的。

所以這裡是一個最大的關卡，能不能進入丹道的領域，就看這一個大關卡了。這個關卡一旦過了，修練就進入一個新的領域，再也不會是丹道的門外漢了。進入這個層次，就已經到了不以身體氣感為主的層次了。因此執著肉體氣感的人，沒辦法練出這個層次，自然也沒辦法進入丹道真正的層次，最多只能用搬運法搬動氣感，或者用旋轉打開頭頂，這都是在氣感的世界打轉，進入不了三昧入定態。

心竅打開之後，就會產生真正的小周天，也就是氣入骨髓的小周天，氣入骨髓的小周天走完之後，就會進入大周天。大周天走的就是中脈的空性，虛空當中凝結金丹，由下丹田發起拙火，經由中脈往上丹田，打開虛空境、霜飛、曼陀羅、圓月、金丹、陽神。

附錄一　學員心得與日記

阿文／新加坡

　　練無為法之前我已有八年的打坐經驗。多數以內觀，只管打坐為主。練到一个階段，感覺卡了。無為法是我在修行中能繼續前進也更加了解除了高和低的狀態也是有一個不高不低的狀態。越練越看到這點更清楚。除此之外，無為講求性命雙休，練的過程中健康也漸漸恢復了，因為得通過身體練出真氣。無為而無不為。跟著陰陽自然的旋律，健康和平靜的心自然一起來。練無為法最大的好處就是讓自己看清這個不高不低的狀態，處於這個狀態就更能把這個世界看清楚。市場上多數的練法要不只練身體，練氣。要不只練覺。其實兩者都得一起練。還有就是很多人都會卡在氣感或光感，一輩子就在繞圈圈。通過無為法見到了一直在背後的覺，那个在睡覺也存在的覺。

阿文 2018/9/17

　　早上練了 60 分鐘。頭有點暈，但在大自然症狀消失了。前後晃，左右晃手。有新的動作。原地轉圈，好像直升機。手自然的浮起來。越轉越快，頭也開始暈了。幾次差點被拉倒在地。轉著轉著，開始打醉拳。然後靜功。站著，坐著。看到光，今天形狀不一樣。有方塊形，有六方形。從小

傳播到大。今天沒入那個空間。回家時感到頭重重的，就去睡覺。睡醒就好了。

註：1.這是新加坡道友阿文的第一次旋轉，阿文之前就有很堅實的打坐基礎。

　　2.阿文：「坦白講開始旋轉時，我很想逃避。那時早晚練一場所以大旋轉很快就過了，練旋轉時告訴自己「形醉意不醉。放鬆練著練著就過了」

無聲／高雄

　　與無為丹道結緣是源自自發功，2018 年開始接觸自發功，練沒多久因為旋轉的恐懼感跟母親重病，導致荒廢了一陣子，直到 2019 年初無意間發現去年加入的QＱ群，談論的是自發功與丹道，從小對武俠小說有濃厚興趣的我，開始在群內默默觀察，發現群內練功的氣氛還有老師師兄姐們的專業知識都很符合自己需求，因為出了社會學習任何事情都是需要付出代價的，在群內只要認真練功，就會有師兄姐指導你，最重要的是自發功跟無為丹道都沒有任何特別的方法，只需要清淨無為，這對我這個懶人來說實在太合適了，於是乎我主動要求開始申請考核，每天練功寫心得，由於母親剛離世對所有的事情都感到萬分珍惜，很把握每一天早晨出門練功的時間，畢竟我上班工作時間長壓力大，很感激給

予自己與自己相處的時間，雖然很累一天都只有睡五個小時左右，不過這樣傻傻的練，三個月後居然也開始出現靜坐跟開了玄關，起初我對這些專有名詞不是很了解，是時候師兄姐跟老師在討論時我才懂了，原來如此傻傻練功的就開了玄關了，一開始都會很在意自己的進度如何，會想知道狀況，可是越想知道就有了執著，反而練不好功，後來我也不在意進度如何了，就是傻傻的練功了，至於練功對我的生活上帶來什麼樣的改變，應該比較大的是讓自己知道自己什麼時候該放鬆，也就是多了一份覺知，畢竟現代人生活壓力大，常常渾然不覺自身處於壓力的情況下，懂得放鬆是真的一件很重要的事情……

無聲／高雄（2019.8 事後回憶）

晚上在國小的操場練功，看著其他同修到處行走，有的打拳有的唱歌有的跳躍，我也不知道自己會發生什麼事情，揣著緊張的心，閉上眼睛膝蓋放鬆，可能還是很緊張，沒什麼動靜，全身抖了幾下走了幾步路，再次閉上眼睛放鬆，腳步微微的往後踏了幾步，左腳往左後方稍微偏移，不到十秒我的腳帶著我的身體旋轉了起來，雙手跟螺旋槳似的，因為沒有任何的防備非常的放鬆狀態下，速度非常快，也讓我非常的驚慌，這是什麼怎麼我跟別人不一樣之類的話浮現在腦海，沒多久我就跌倒了，狗吃屎似的……在地上滾了好久，

想爬起來但是頭暈到不行，噁心到爆炸，全身都是汗混著泥土跟雜草，過了一會頭還是很暈，但是我半走半爬似的走到手機旁，拿起了手機非常聚精會神的看著手機發出了簡訊，給那位邀請我參加自發功課的朋友，告訴他我的情況，他說第一堂課就旋轉恭喜，請我繼續轉這樣就不會頭暈了，我當時沒想那麼多，於是又再次踉踉蹌蹌都走回去操場，忍住噁心想吐的感覺，再次放鬆，感覺我的腳很快的往後扭，很快又開始旋轉了起來，不過沒多久因為緊張跟恐懼，很快就再次讓我跌的狗吃屎，我再次爬到手機旁傳訊息給我那位朋友，他又再次鼓勵我，他練到旋轉要很久的時間，叫我不要放棄，我只好又繼續走到操場，發動了第三次旋轉……情況一樣一下子就敗陣下來了，踉踉蹌蹌的走到司令台上倒下……旁邊一位師姐說我的臉色好嚇人，整個發白，把我扶起來坐下，在我背後按摩，幫忙把氣導出來，不然他說我身上的氣不受控制到處亂撞，花了半個小時才比較舒服，其他同修都看著我好像很擔心似的，此後每個週末都是一段痛苦的開始，甚至想要逃避……不過好在我那位朋友一直鼓勵我，至少每兩個禮拜都會去上一次課，每次都是全身是泥土回到家，直到有一次我問朋友說，他都旋轉多久，他說都至少半小時……我嚇了一跳，我問他都不會想吐嗎？他說會，但是助教都會馬上把他拉起來繼續旋轉，說這樣就不會想吐了，聽完之後我思考了很久，在上課那一天我發狠了，以前都害怕吐所以不敢繼續轉，所以導致自己跌倒，這次吐就給它吐吧，開始自發後速度一樣很快，但是很快就跌倒了，不過我就馬上爬起來繼續旋轉，很快又跌倒，想吐的感覺湧上

來，這次我不管它又馬上爬起來，繼續旋轉……很快再次跌倒，爬起來後嘔吐物已經在我的喉嚨了，忍著跌跌撞撞跑到水溝旁邊，吐了好一陣，這時候很猶豫，因為還是很恐懼，不過想起朋友的話，牙一咬再跑回操場，閉上眼繼續旋轉，後來又跌倒了三次，吐了一次……好像比較不害怕了，因為是晚上，夜色有點漂亮，周遭都是高樓大廈包圍著這座小學，旋轉著看著這些燈，看得癡了……那時候發現周遭的聲音都消失了，剩下旋轉中的夜景，跟空蕩蕩的聲音，好像有一股音牆把自己包起來了，我跳過傘，所以這種感覺很熟悉，我很喜歡這種感覺，在半空中什麼聲音都沒有，輕飄飄的……身心都是，從這次的旋轉之後……我再也沒有跌倒過了。

註：這是高雄道友無聲事後回憶的第一次旋轉，可以看出來
    剛開始因為害怕與抗拒，所以非常痛苦，後來突破心理
    障礙之後，勇敢面對旋轉的痛苦，反而痛苦消失了。

空悟／四川（2018.4.20）

在上面院子裡練功，至少一個半小時吧。
感冒還沒有好，鼻涕，咳嗽。
下午最後一節課，我休息，站在院子裡放鬆，練功。
放鬆，雙手張開在院子裡不動，站了好久後手部開始動

起來了，接著還有腳。動作太极等不知道什麼拳，感覺上很像太極拳。有很柔的動作還有很勁的動作，有爪，有掌，有拳還有其它不記得了。

後面動完了後就要坐下去盤腿，我又拉來墊子，坐墊子上了，接著盤腿前趴，沒有睡著，但是依然模模糊糊，迷迷糊糊，後來清醒了後，依然保持著這個姿勢，接著不一會兒，身體自動伸展開，趴在墊子上，氣血開始充盈手腳，這個過程不好受，趴了一會兒後，身体自動起來，坐在墊子上，自己自動搓臉，然後自動睜眼，頭腦清晰。

註：這是四川道友空悟的類似太極動作，可以看得出來，剛開始是沒有動作的。因此某些道友，會以為沒動作就練不下去了，其實外不動內動，雖然身體不動了，內氣還是有在醞釀的。

在ＱＱ網路社群有更多學員日記可供讀者參考，ＱＱ群號碼為 159754069。

附錄二　道詩

本章收集作者歷年來創作之道詩

為還達摩真面目
上窮碧落下黃泉
奮力捲起千層浪
卻仍不敵黑潮流

*　　*　　*

我在這裡種下
九百九十九朵玫瑰
誰能聞到芬芳
誰能駐足觀賞
要走的人留不住
要留的人擋不住
人來人往
彷彿幻境
終究只剩九百九十九朵玫瑰
獨自芬芳
笑人癡傻

我像一個石人
被自己的信念
立在一片荒地
風吹日曬雨淋

＊　　＊　　＊

欣賞我的，來看一下古蹟
狗經過的，撒泡尿做記號
肩膀上滿是鳥屎
全身是侵蝕的痕
像野柳的女王頭
越來越細的脖子
不知道何時斷掉

＊　　＊　　＊

其實，我想做的
是陽光下飛行的小鳥
是微風中漂浮的種子
是那曾經飄蕩在地中海的歌聲
是宇宙中穿梭的光

一蕭一劍一白衣
風生雲起舞真氣
若非覺照心頭現
何向瑤台彼岸地

註：第一句來自群詩詞接龍，發起人是魚師姐，其餘三句作
　　者藍石。

＊　　＊　　＊

是非黑白朦朧
自私利益隱藏

我愚
見不得言行不一

我痴
行不得同流合污

長歎一聲
悲哀一聲

逐清流之煙雲
濯我衣之不淨

安虛空之緲冥
撫我心之不靜

＊　　＊　　＊

黑潮西去不復返
成王敗寇誰真相

曾經炮聲隆隆
多少鮮血淚灑

偉人談笑風生
窮人刀口求生

遙想當日輝煌
如今道德淪喪

前不見景
後不著路

人生如夢
多情笑我

何不裝瘋賣傻
任他唾來任他乾

真情化作無情水
真意化作無意火
日落月升法陰陽
紅塵夢醒莫蹉跎

＊　　＊　　＊

魂兮歸來，一生精練，今在何方？
北山渺渺，寒水為冰，何時再暖？
扶搖駕風以遠颺兮，奔騰四海以浪跡
玄靈深淵以迷濛兮，金華日月以正氣
子求長生，上天下地，靜室逍遙
往者逝矣不可及，今魂安在？

＊　　＊　　＊

千江有水千江月
萬里無雲萬里晴
一朝陰盡一陽現
無限風光無限景

＊　　＊　　＊

丹道修真千年史，
甲骨篆隸同一家，

無為丹道

248

莫忘傳承祖師情，
何須區分你我他

*　　*　　*

為何自古真人少，
外求容易內求難，
一旦知道反觀照，
真人即為庸人轉。

*　　*　　*

若非十年功，
不明丹道言，
獨處靜觀心，
識源自識鉛

*　　*　　*

內經養生曰治神，
神火為心似流汞，
若得真鉛來相助，
以鉛制汞心難動。

以馳於外物之心，
收於真鉛之造化，
安於爐鼎之溫養，
方立丹道之根基。

＊　　＊　　＊

世間庸人何其多
莫道祖師嘆無人
一意執念放不下
烏雲蔽日何見真

＊　　＊　　＊

世俗利益放不掉
心術不正難修道
前路迷茫障礙多
一絲直心正氣濤

＊　　＊　　＊

爐鼎乾坤
包羅萬象

丹田玄關
立法陰陽

心無罣礙
四大無常

日積月累
明珠夜光

滴水穿石
蓮花綻放

金丹真人
萬壽無疆

＊　＊　＊

心外求法
夢幻泡影
渺不可得

反觀自照
心無罣礙
真空自現

陰陽五行
內外兼修
道法自然

＊　＊　＊

靜坐
默然
傾聽
無聲

波動
光流
霎那
永恆

幻相
虛空
存在
生滅

緣起
緣滅
星空
圓月

生命中除卻死亡
再也無一事

陽光在眼前灑落
溫度在背後上升

生命中除卻此刻
再也無一事

雜念在眼前灑落
覺照在背後上升

附錄三　如何參與線上學習課程

一、請下載ＱＱ網路社群軟體至您的手機。

二、註冊之後，請加入群編號為 159754069 的無為丹道迎賓群。

三、參考群公告資料，並閱讀老師空間資料，確認志同道合之後，選擇一位輔導師兄帶領入門。

四、經過三個月考核過後，經確認志同道合且有持續實修的能力與意願，就可以申請入日記班，與其他同門師兄交換日記與心得。

五、本課程全程免費，但並不保證人人皆可通過考核入日記班。

若各位讀者對於本書有興趣參與線上實修，除了上述的QQ社群之外，也歡迎加入臉書社團寫日記，將有練到一定程度的師兄姐，免費給予指導。

網址為：
https://www.facebook.com/groups/1284665461717411

若您認同本書理念，願意為推廣傳承正法盡一份心力，歡迎踴躍贊助，無為丹道協會感謝您的支持！

銀行：合作金庫（006）
分行：新營分行
帳號：0290871000661

國家圖書館出版品預行編目資料

無為丹道／藍石 著.--初版.--臺中市：白象文化
事業有限公司，2020.8
　　面；　公分
ISBN 978-986-358-983-9（平裝）
1.道教修鍊
235　　　　　　　　　　　　109002253

無為丹道

作　　者	藍石
校　　對	藍石、劉堂明
發 行 人	張輝潭
出版發行	白象文化事業有限公司

412台中市大里區科技路1號8樓之2（台中軟體園區）
出版專線：（04）2496-5995　　傳真：（04）2496-9901
401台中市東區和平街228巷44號（經銷部）
購書專線：（04）2220-8589　　傳真：（04）2220-8505

專案主編	黃麗穎
出版編印	林榮威、陳逸儒、黃麗穎、陳媁婷、李婕、林金郎
設計創意	張禮南、何佳諠
經紀企劃	張輝潭、徐錦淳、林尉儒
經銷推廣	李莉吟、莊博亞、劉育姍、林政泓
行銷宣傳	黃姿虹、沈若瑜
營運管理	曾千熏、羅禎琳
印　　刷	基盛印刷工場
初版一刷	2020 年 8 月
二版一刷	2023 年 1 月
二版二刷	2024 年 6 月
定　　價	580 元

白象文化　印書小舖　出版 · 經銷 · 宣傳 · 設計
www.ElephantWhite.com.tw　自費出版的領導者　購書 白象文化生活館